GIGANTESCHI DINOSAURI

GIGANTESCHI DINOSAURI

TESTI DI
RUPERT MATTHEWS, STEVE PARKER

EDICART

EDICART è un marchio EDICART
Via Jucker, 28 - Legnano (MI) - Italia

Titolo originale: *Wild About - Dinosaurs*
Traduzione dall'inglese di *Fabiola Beretta*

www.edicart.it

Indice

VITA PREISTORICA

1 Ci fu un tempo in cui la Terra era ricoperta dai ghiacci... Nel corso della storia del nostro pianeta ci sono stati vari periodi tanto freddi da essere chiamati “ere glaciali”. Le ere glaciali sono comunque una parte infinitesimale della preistoria. Prima la Terra era calda, ed erano laghi e mari a ricoprire la terraferma che, prima ancora, per la scarsità di piogge per migliaia di anni, era un enorme deserto. Per milioni di anni le temperature e le condizioni climatiche sono mutate e con loro, per sopravvivere, anche gli esseri viventi che la abitavano. Questo processo si definisce “evoluzione”.

▼ Una raffigurazione dell'ultima era glaciale, risalente a circa 10.000 anni fa. Gli animali avevano spesse pellicce per proteggersi dal clima rigido. Molti, per esempio i mammut lanosi, si cibavano di piante come i muschi. Altri erano feroci predatori, basti pensare ai leoni delle caverne, che per sopravvivere avevano bisogno di nutrirsi di carne.

La vita ha inizio

2 La vita ebbe inizio molto, moltissimo tempo fa. Lo sappiamo dai resti delle forme di vita preistoriche rimaste sepolte dopo la morte, che nel corso di milioni di anni si sono trasformati, all'interno delle rocce, in quelli che chiamiamo "fossili". I primi risalgono a oltre 3000 milioni di anni fa. Sono minuscoli batteri, organismi viventi che sopravvivono ancora oggi.

▼ In Canada sono stati ritrovati dei fossili di *Anomalocaris*. Aveva bocca circolare e il corpo era rivestito da una corazza. Era dotato di lobi simili a pinne.

3 Le prime piante, le alghe, fecero la loro comparsa nei mari più o meno 1000 milioni di anni fa. A differenza di batteri e cianobatteri, che avevano ciascuno una sola cellula vivente (unicellulari), le alghe, di cui alcune lunghe parecchi metri, di cellule ne avevano a migliaia. Gli scienziati le chiamano alghe, come le nostre di oggi.

4 800 milioni di anni fa circa, spuntarono sulla terraferma delle piante che si unirono ad altri organismi viventi, le muffe (funghi). Insieme, le alghe e i funghi formarono una crosta verde-giallastra che si diffuse aderendo alle rocce e assorbendo la pioggia. Erano i licheni, che tuttora crescono su rocce e alberi.

5 I primi animali vivevano nel mare... ed erano simili a gelatine! Oltre 600 milioni di anni fa, alcuni di questi erano meduse e fluttuavano nell'acqua. I fondali marini erano popolati di gruppi di creature morbide, le *Charnia*, che avevano l'aspetto di fronde ed erano uno dei primi tipi di corallo. Gli organismi animali hanno bisogno di assumere cibo mangiando altri esseri viventi. Le *Charnia* catturavano minuscole piante nelle loro "fronde."

◀ Malgrado l'aspetto che ricorda una pianta preistorica, in realtà la *Charnia* era un animale!

6 L'*Anomalocaris*, uno dei primi animali predatori, visse 520 milioni di anni fa. Nuotava nei mari e andava a caccia di cibo. Con le lunghe tenaglie afferrava creature più piccole, che poi si spingeva in bocca. Imparentato con granchi e insetti, va considerato come uno dei più grandi predatori del suo tempo, sebbene fosse lungo appena 60 centimetri.

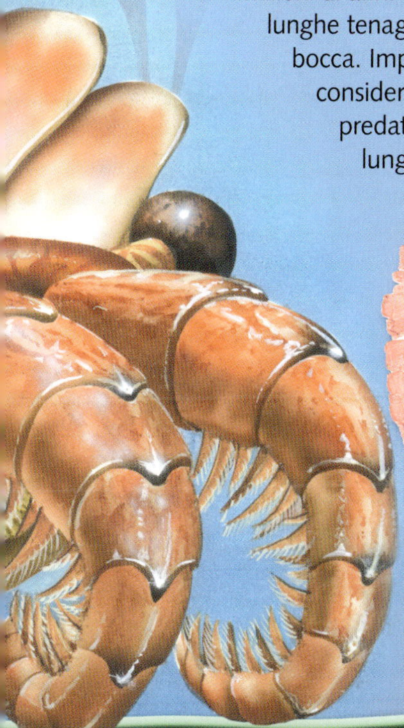

7 Circa 400 milioni di anni fa, iniziarono a crescere piante sulla terraferma. I fusti rigidi le mantenevano in posizione verticale e trasportavano acqua nelle parti più alte. Una delle prime piante erette fu la *Cooksonia*, che con i suoi 5 centimetri (quanto circa un tuo pollice) era l'essere vivente più alto della Terra!

▲ La *Cooksonia* aveva fusti ramificati che trasportavano acqua. I primi esemplari sono stati ritrovati in Irlanda.

I mari brulicano di animali

8 Alcuni tra i primi animali comuni furono vermi. Non lombrichi nel sottosuolo, però, perché il suolo, allora, non esisteva, la superficie terrestre era nuda. I vermi popolavano il mare e scavavano nel fango alla ricerca di animali da mangiare.

◀ L'*Ottoia* era un verme marino che si nutriva di minuscole particelle di cibo filtrandole dal mare.

▼ Le trilobiti si muovevano veloci sul fondale marino. Alcune, per proteggersi, erano in grado di arrotolarsi su se stesse fino a formare una palla.

9 Dopo i vermi, i secondi animali più comuni erano le trilobiti. Vissero prima circa 550 milioni di anni in mare, strisciando sul fondale marino e nutrendosi di ogni minuscolo pezzetto di cibo che trovavano. Il loro nome si riferisce ai "tre lobi". Avevano infatti due solchi lungo il dorso, dalla testa alla coda, che dividevano il corpo in tre parti principali: sinistra, centro e destra.

10 Le trilobiti furono tra le prime creature ad avere le zampe che si piegavano alle articolazioni. Proprio per le loro zampe articolate fanno parte degli artropodi, che per milioni di anni sono stati tra gli animali più comuni sul pianeta: tra loro non solo le trilobiti, ma più tardi anche granchi, ragni e insetti. Come altri artropodi, le trilobiti avevano un guscio esterno resistente che le proteggeva.

▼ Lo Pterigoto era un predatore feroce, con grandi occhi e lunghi artigli.

11 Tra i primi predatori ci furono gli scorpioni marini, di cui alcuni avevano le dimensioni di un leone! Lo *Pterigoto*, lungo 2 metri, agitava la coda per inseguire nell'acqua la preda, che faceva a pezzi con le enormi pinze. Questi scorpioni vissero tra i 500 e i 250 milioni di anni fa. A differenza dei nostri di oggi, non avevano pungiglione nella coda.

12 **Per milioni di anni i fondali marini furono ricoperti dalle conchiglie a spirale delle ammoniti.** Alcune erano piccole quanto un'unghia, altre erano più grandi di un piatto! Ebbero successo, e per milioni di anni ne sopravvissero migliaia di tipi. Avevano tutte grandi occhi con cui avvistavano una preda e lunghi tentacoli (braccia) con cui la catturavano. Le ammoniti si estinsero più o meno nello stesso periodo dei dinosauri, 65 milioni di anni fa.

▲ Questa roccia contiene un fossile di ammonite. Il guscio proteggeva la creatura dal corpo molle al suo interno.

◀ La *Pikaia* ricordava un po' un'anguilla con le pinne.

13 **Tra vermi, trilobiti e ammoniti c'era una piccola creatura che aveva una parte del corpo davvero molto speciale, un principio di spina dorsale.** Chiamata *Pikaia*, visse circa 530 milioni di anni fa. È da lei che si sono gradualmente evoluti altri animali dotati di spina dorsale, i vertebrati. Oggi, sono i vertebrati a dominare gran parte del mondo: includono, infatti, pesci, rettili, uccelli e mammiferi.

QUIZ

1. Gli scorpioni marini avevano pungiglioni nella coda?
2. Cosa significa "trilobite"?
3. Che tipo di animale era l'*Ottoia*?
4. Quando si sono estinte le ammoniti?
5. Che caratteristica particolare aveva la *Pikaia*?

Risposte
1. No 2. Significa "tre lobi", cioè tre parti 3. Un verme 4. 65 milioni di anni fa 5. Aveva un principio di spina dorsale

Pesci primordiali

14 **I primi pesci, che non erano in grado di masticare, erano succhiatori!** Circa 500 milioni di anni fa comparvero in mare dei nuovi animali, i pesci, privi di mascelle e di denti. Pare aspirassero dal fango vermi e piccoli pezzi di cibo.

▲ L'*Hemicyclaspis* era uno dei primi pesci privi di mascella. Aveva gli occhi in cima alla testa e se ne stava probabilmente sul fondale marino per avvistare i predatori di passaggio sopra di lui.

15 **Alcuni pesci primordiali possedevano vere e proprie armature!** Placche ossee dure e ricurve ricoprivano interamente il corpo di questi animali chiamati placodermi, di cui molti erano feroci cacciatori. Alcuni avevano enormi mascelle con piastre ossee simili a denti affilati con cui affettavano la preda.

16 **Gli acantodi, detti "squali spinosi", avevano spine sulle pinne, ma non erano squali,** malgrado assomigliassero ai nostri di oggi. Popolavano fiumi e laghi, non il mare, circa 430 milioni di anni fa. Il *Climatius* aveva un aspetto feroce, ma non era più grande di una delle tue dita!

◀ Le pinne sul dorso del *Climatius* erano sorrette da spine aguzze, che lo aiutavano a difendersi dagli attacchi dei calamari o di altri pesci.

17 Il primo pesce predatore era enorme, più grande del nostro squalo bianco! Il *Dunkleosteus* arrivava a quasi 10 metri di lunghezza e popolava gli oceani 360 milioni di anni fa. Come altri pesci, tagliava a pezzi la preda con gli enormi denti, sottili lamelle d'osso grandi ciascuna quanto questo libro.

18 Alcuni dei primi pesci iniziarono a uscire dall'acqua... camminando. Circa 390 milioni di anni fa comparvero i sarcopterigi, pesci le cui pinne laterali avevano ciascuna un "moncone" alla base fatto di muscoli. Se l'acqua in cui vivevano si prosciugava, usavano le pinne come tozze zampe con cui arrancavano sulla terra fino a raggiungere un'altra pozza. L'*Eusthenopteron* era lungo circa un metro. Nel corso di milioni di anni, alcuni sarcopterigi si sono evoluti in animali a quattro zampe chiamati tetrapodi.

FATTI IL TUO PESCE!

Cosa ti serve

cartone cerato (tipo quello dei contenitori del latte) • pastelli forbici • un pezzo di sapone

Metti il cartone cerato a faccia in giù. Piega i bordi verso l'alto e disegna un bel pesce colorato. Fai un taglio sul retro e incastraci dentro il pezzo di sapone. Metti il "pesce" in una vasca di acqua fredda e osserva come nuota via.

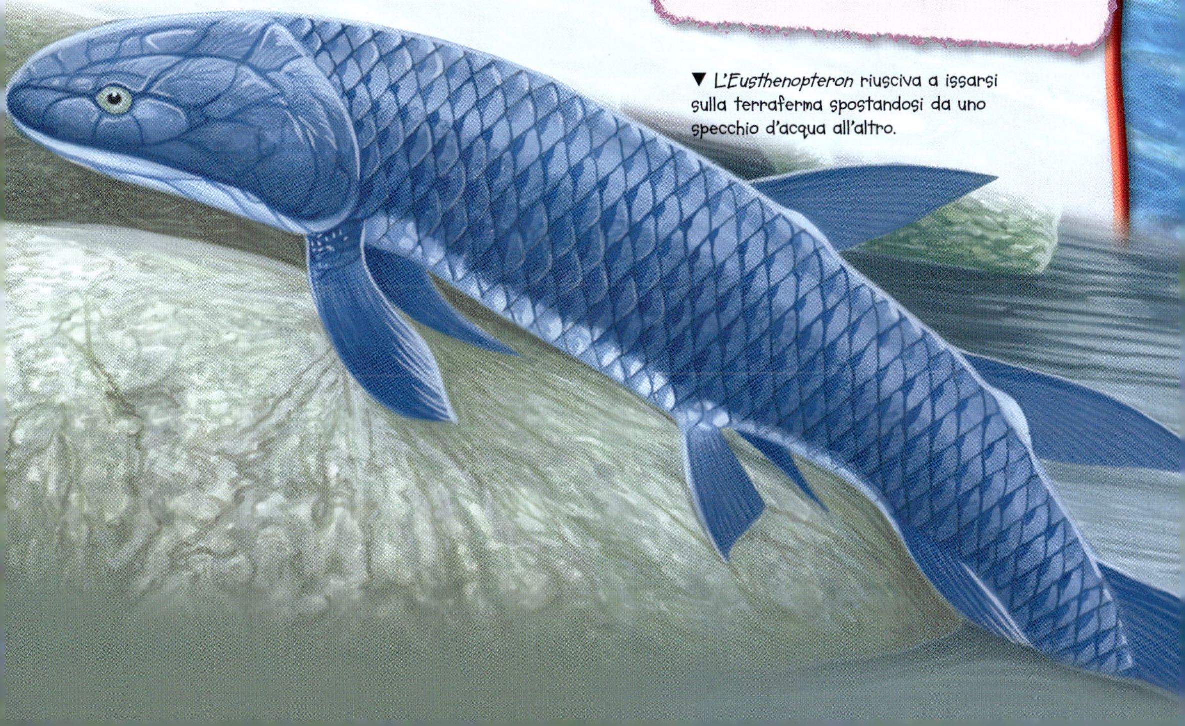

▼ L'*Eusthenopteron* riusciva a issarsi sulla terraferma spostandosi da uno specchio d'acqua all'altro.

L'invasione della terraferma

19 I primi animali terrestri vissero circa 450 milioni di anni fa. Queste creature primordiali uscite dal mare erano artropodi con duri involucri esterni del corpo e zampe articolate. Comprendevano insetti, ragni e millepiedi preistorici. L'*Arthropleura* era un millepiedi di ben 2 metri!

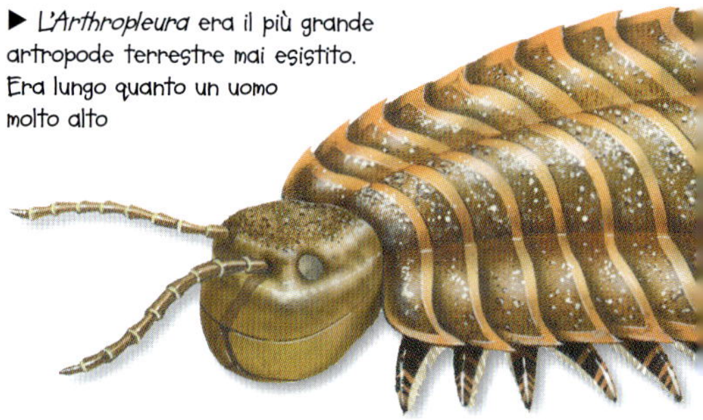

▶ L'*Arthropleura* era il più grande artropode terrestre mai esistito. Era lungo quanto un uomo molto alto

20 Alcuni anfibi erano predatori feroci. Il *Gerrothorax* misurava più o meno un metro e trascorreva gran parte del tempo sul fondo di stagni o ruscelli. Gli occhi erano rivolti verso l'alto, per guardare i pesci che passavano nuotando sopra di lui. E quando accadeva, scattava in su... e la preda finiva dritta tra le sue grosse fauci.

21 I primi animali a quattro zampe avevano otto dita su ciascun arto anteriore! L'*Acanthostega* le usava per afferrare le piante acquatiche mentre nuotava. Vissuto circa 380 milioni di anni fa, era lungo un metro. Creature simili iniziarono presto a camminare anche sulla terraferma: si trattava dei tetrapodi, letteralmente "quattro arti", che avevano fatto un bel passo in avanti nell'evoluzione: erano i primi animali terrestri dotati di spina dorsale.

◀ L'*Acanthostega* trascorreva probabilmente molto tempo in acqua. Aveva branchie per respirare sott'acqua, ma anche polmoni per respirare l'aria.

22 Presto gli animali a quattro zampe, detti anfibi, iniziarono a scorrazzare sulla terraferma. Furono i primi animali con spina dorsale a muoversi spediti fuori dall'acqua. L'*Aphaneramma* aveva lunghe zampe e correva veloce. Gli anfibi preistorici, però, proprio come fanno ancora oggi le rane e i tritoni, dovevano tornare in acqua per deporre le uova.

23 Le pinne si trasformarono in zampe con cui camminare e pure le code mutarono. Con l'evolversi delle pinne dei sarcopterigi in zampe, le code infatti si allungarono, facendosi più muscolose. L'*Ichthyostega* ne aveva una lunga, con una pinna sul lato superiore: una forma perfetta per nuotare e altrettanto funzionale per muoversi nelle paludi.

24 Alcuni anfibi avevano le dimensioni di un coccodrillo! L'*Eogyrinus* era lungo quasi 5 metri e aveva mascelle e denti forti, proprio come un coccodrillo, eppure visse circa 300 milioni di anni fa, molto prima che i coccodrilli facessero la loro comparsa. Sebbene fosse in grado di camminare sulla terra, preferiva decisamente trascorrere il suo tempo tra ruscelli e paludi.

◄ L'*Ichthyostega* aveva zampe corte, per cui è probabile che sulla terraferma si muovesse abbastanza lentamente.

Vita dopo la morte

25 Ci furono periodi nella preistoria in cui scomparve quasi ogni forma di vita. Durante le cosiddette "estinzioni di massa" sopravvissero solo poche specie di piante e animali, quelle in grado di adattarsi o di evolversi in altri tipi. Un'estinzione di massa avvenuta circa 290 milioni di anni fa fece sì che si diffondessero rapidamente i rettili, un gruppo di animali relativamente nuovo.

26 Pelle e uova aiutavano i rettili a sopravvivere. A differenza di quella di un anfibio, la cute squamosa di un rettile era impermeabile. In più, le uova gelatinose degli anfibi dovevano essere deposte nell'acqua, mentre le uova di un rettile avevano gusci duri, che sopravvivevano sulla terraferma. Circa 280 milioni di anni fa un rettile come il *Varanosaurus*, lungo 1,5 metri, si diffuse in zone aride, dove gli anfibi soccombevano.

RETTILI... COMMESTIBILI!

Cosa ti serve

100 grammi di latte in polvere • 100 grammi di burro di arachidi liscio • 2 cucchiai di miele • ribes colorante alimentare

Mescola il latte in polvere, il burro di arachidi e il miele in una ciotola. Impasta e prepara alcune sagome di rettili. Decorale usando i ribes per gli occhi e il colorante per dipingerle. A questo punto mangiale... provocherai un'estinzione di massa!

▲ Il *Varanosaurus*, diffuso nell'odierno Texas (Stati Uniti), probabilmente andava a caccia di pesci nelle paludi.

▶ L'*Hylonomus* abitava le foreste dell'odierno Canada. Predava insetti, ragni e millepiedi.

27 **Il più antico rettile finora conosciuto assomigliava a una lucertola anche se non lo era. E ne aveva anche le abitudini!** L'*Hylonomus*, che si colloca 345 milioni di anni fa, inseguiva le sue prede a terra e anche sugli alberi.

28 **Alcuni rettili iniziarono a evitare le intemperie andando a dormire sottoterra.** Il *Diictodon*, che visse circa 260 milioni di anni fa, usava i grandi denti per sminuzzare piante dure. Potrebbe aver scavato buche per ripararsi da caldo, freddo e pioggia.

▼ Il *Diictodon* aveva zampe forti e artigli affilati con cui scavava.

Alla conquista del mondo

▼ Le narici e gli occhi del *Mastodonsaurus* erano in cima alla testa, che era piatta. In questo modo riusciva a respirare e a guardarsi intorno pur rimanendo nascosto sotto la superficie dell'acqua.

29 Alcuni anfibi reagivano ai rettili combattendoli. Il *Mastodonsaurus* era un grande, forte anfibio lungo 2 metri, dotato di denti molto affilati. Cacciava pesci, altri anfibi e piccoli rettili. Visse in un periodo in cui i rettili si stavano diffondendo con rapidità, più o meno 250-203 milioni di anni fa. Tuttavia, buona parte degli altri grandi anfibi non riuscì a sopravvivere ai rettili.

30 Anche altri anfibi riuscirono a sopravvivere al dominio dei rettili. Si trattava per lo più di animali di dimensioni ridotte, che si nascondevano in acqua o nelle paludi. Uno di questi era il *Branchiosaurus*, di appena 12 centimetri, che cacciava piccoli pesci negli stagni.

31 **Il *Lystrosaurus* aveva forse zanne che sporgevano dalla mascella superiore!** Due denti anteriori gli uscivano infatti da fori sull'estremità del muso.

▲ Il *Lystrosaurus* viveva in Antartide in un periodo in cui era una terra con una vegetazione lussureggiante e tropicale. Oggi è un continente gelido, ricoperto da uno spesso strato di ghiaccio.

32 **Grazie ai rettili possiamo capire gli spostamenti dei continenti sul nostro pianeta.** Il *Lystrosaurus* visse 200 milioni di anni fa e i suoi fossili sono sparsi tra Europa, Asia, Africa e Antartide. Questo rettile non nuotava, il che significa che le terre emerse erano unite. Poi, secondo la teoria della deriva dei continenti, per milioni di anni si allontanarono, fino ad arrivare alla posizione attuale.

33 **Alcuni rettili che si nutrivano di piante avevano denti molto affilati.** Il *Moschops*, delle dimensioni di un rinoceronte, viveva in Africa meridionale 270 milioni di anni fa. I suoi denti, lunghi e dritti, avevano bordi taglienti quanto uno scalpello! Il *Moschops* riusciva a staccare a morsi foglie dure e ramoscelli dai cespugli.

▶ Oltre ai denti taglienti, il *Moschops* aveva ossa del cranio molto forti, quindi nei combattimenti colpiva forse i rivali a testate.

Il sopravvento dei rettili

34 **I rettili non amano avere né troppo caldo né troppo freddo.** Rischiano di surriscaldarsi, o che la temperatura corporea si abbassi tanto da non riuscire più a muoversi. Quasi tutti si crogiolano al sole, poi si piazzano all'ombra. Il *Dimetrodon* aveva una grande "vela" di pelle sul dorso con cui assorbiva il calore del Sole.

▲ *Dimetrodon* significa "denti di due misure". Questo nome gli fu assegnato per i denti anteriori con cui pugnalava le prede e per quelli posteriori che erano molto taglienti. Cresceva fino a 3 metri di lunghezza.

QUIZ

1. Come si scaldava il *Dimetrodon*?
2. Quali tipi di rettili si sono evoluti in mammiferi?
3. Come nuotavano alcuni dei primi rettili?
4. I primi coccodrilli amavano l'acqua?

Risposte
1. Crogiolandosi al Sole
2. Terapsidi 3. Agitando la coda da un lato all'altro 4. No, la odiavano!

35 **I primissimi coccodrilli odiavano l'acqua!** Un tipo primordiale, il *Protosuchus*, diffuso in del Nord circa 190 milioni di anni fa, viveva infatti sulla terraferma. Era lungo un metro, e quando cacciava riusciva anche a correre, grazie alle lunghe zampe.

► Il *Protosuchus* aveva muscoli della mascella incredibilmente potenti. Spalancava le fauci dotate di lunghi denti e le richiudeva sulla preda.

▶ Il *Chasmatosaurus* aveva denti non solo sulle mascelle, ma perfino sul palato.

36 Alcuni rettili si muovevano grazie alla coda.

Molti dei più antichi rettili, infatti, sembra che agitassero con forza la coda lunga e potente per spingersi in avanti nell'acqua dove si ritiene vivessero. Il *Chasmatosaurus* arrivava a 2 metri e probabilmente cacciava pesci. Ricordava un coccodrillo, ma era imparentato più strettamente con i dinosauri.

37 Alcuni rettili cominciarono ad assomigliare sempre più a mammiferi.

Il *Cynognathus* aveva le dimensioni di un grosso cane e non era ricoperto di pelle squamosa, ma di pelliccia. Apparteneva a un gruppo di rettili chiamato terapsidi. Circa 220 milioni di anni fa alcuni dei terapsidi più piccoli iniziarono a evolversi nei primi mammiferi.

◀ Le mascelle del *Cynognathus* erano così potenti da riuscire a spezzare le ossa a morsi. Il suo nome significa "mascella del cane".

Vivere con i dinosauri

38 C'erano rettili delle dimensioni dei dinosauri ed erano altrettanto feroci, ma popolavano i mari. Uno di questi era il *Mosasaurus*, lungo 10 metri e pesante 10 tonnellate. Era molto più grande del nostro grande squalo bianco.

39 A 200 anni di distanza sono stati ritrovati fossili di *Mosasaurus* nello stesso identico posto! I primi in una cava nel Paesi Bassi nel 1780, gli altri nel 1998.

40 C'era un rettile marino i cui denti avevano la misura di un... piattino! Quelli enormi, rotondi e piatti del *Placodus*, del diametro di oltre 10 centimetri, gli servivano per frantumare crostacei e ricci di mare. Sui 2 metri di lunghezza, il *Placodus* sembra sia vissuto nello stesso periodo dei primi dinosauri, più o meno 230 milioni di anni fa.

▼ Il *Mosasaurus* era un enorme rettile marino dai denti affilati come rasoi, che quando si trattava di inseguire una preda riusciva a nuotare molto veloce.

▼ L'*Archaeopteryx* aveva una coda lunga e ossuta, a differenza dei nostri uccelli di oggi, che nella coda non hanno ossa.

41 I fossili del primo uccello sono stati scambiati per quelli di un dinosauro. L'*Archaeopteryx* visse in Europa circa 155 milioni di anni fa. Alcuni dei suoi fossili ricordano molto quelli di piccoli dinosauri, infatti inizialmente si pensò che fosse un dinosauro, fino a quando gli scienziati non notarono la sagoma appena accennata delle sue piume e capirono che si trattava, appunto, di un volatile.

42 Nell'arco di poco tempo, furono molti i tipi di uccelli a volare sopra le teste dei dinosauri. Il *Confuciusornis*, lungo circa 60 centimetri, visse 120 milioni di anni fa nell'odierna Cina. Entrambi i piedi avevano l'alluce rivolto all'indietro, il che fa pensare che potesse arrampicarsi sugli alberi. Che si sappia, è anche il primo uccello ad avere avuto un vero becco.

▲ Sono stati ritrovati dei fossili di *Confuciusornis* in Cina. Deve il suo nome a Confucio, il famoso saggio cinese.

43 I mammiferi vissero nello stesso periodo dei dinosauri. Animali a sangue caldo, avevano pelliccia o peluria invece della pelle squamosa di un rettile. Il *Megazostrodon* è il primo mammifero noto agli scienziati. Viveva in Africa meridionale 215 milioni di anni fa, solo quindici milioni di anni dopo che i dinosauri avevano fatto la loro comparsa sulla Terra. Era lungo 12 centimetri e si ritiene cacciasse insetti.

▼ Il *Megazostrodon* probabilmente usciva di notte per andare a caccia di insetti. Assomigliava un po' a un toporagno.

Dentro e sopra i mari

44 **Un rettile preistorico aveva un collo lungo e incredibilmente flessibile!** Quello dell'*Elasmosaurus*, il rettile marino, superava i 5 metri, come tre persone una sopra l'altra, ed era così mobile che l'*Elasmosaurus* poteva compiere un cerchio completo mentre cacciava pesci e altri animali.

45 **I primi grandi animali volanti non erano uccelli ma pterosauri,** che vissero più o meno nello stesso periodo dei dinosauri e si estinsero con loro circa 65 milioni di anni fa. Il *Pteranodon*, uno degli ultimi, si colloca più o meno 70 milioni di anni fa. Si lanciava in picchiata su un pesce in mare e lo catturava.

▼ Lo *Pteranodon* solleva la preda mentre l'*Elasmosaurus* dal lunghissimo collo fa scattare le mascelle in cerca di cibo.

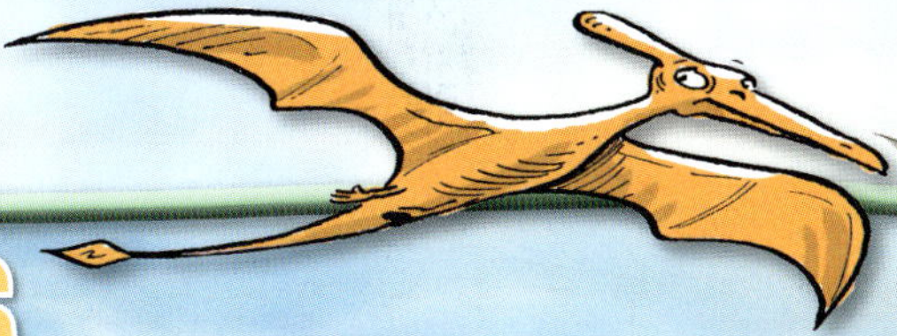

46 Il più grande animale volante di tutti i tempi era grande come un aeroplano! Con un'apertura alare di 14 metri, lo pterosauro *Quetzalcoatlus* era il doppio di qualsiasi altro uccello volante. Forse aveva le abitudini di un avvoltoio: volava alto in cielo, per poi scendere a terra e nutrirsi di carcasse di dinosauro.

47 Si sono rinvenuti fossili di creature marine a migliaia di chilometri dal mare. Tra i 100 e i 70 milioni di anni fa, gran parte di quella che è oggi America del Nord fu sommersa. Le acque poco profonde pullulavano di ogni tipo di pesci, rettili e altre creature. Oggi i loro fossili si trovano sulla terraferma.

Dopo i dinosauri

48 Circa 65 milioni di anni fa, un evento catastrofico provocò l'estinzione dei dinosauri e di molte altre creature. Furono allora i mammiferi a prendere il sopravvento. Molti erano abbastanza piccoli, della taglia di ratti e topi. Il *Leptictidium*, tra i 50 e i 40 milioni di anni fa, potrebbe essere imparentato con talpe e toporagni.

▲ Il *Leptictidium* su pensa che saltasse come un canguro!

50 Spesso il nome di un animale preistorico può essere fuorviante, come quello del *Palaeotherium*, che in greco significa semplicemente "vecchia bestia". Gli fu però assegnato oltre 200 anni fa, nel 1804, quando gli scienziati non avevano le conoscenze di oggi. Alcuni studi successivi hanno infatti dimostrato che il *Palaeotherium* era uno dei primissimi animali del gruppo dei mammiferi ungulati, quello che comprende i cavalli.

◀ Il *Pakicetus* è la più antica balena conosciuta.

49 I cetacei iniziarono la loro vita sulla terraferma e pian piano si mossero verso il mare. Il *Pakicetus*, circa 50 milioni di anni fa, era lungo quasi 2 metri. Probabilmente viveva sia sulla terra sia in acqua.

▼ Una madre di *Uintatherium* con il suo piccolo. Questa strana creatura era il più grande animale terrestre del suo tempo. La sua testa era costellata di corna e aveva anche delle piccole zanne.

51 **Circa 40 milioni di anni fa, il più grande animale che scorrazzava sulla Terra era l'*Uintatherium*,** un erbivoro delle dimensioni di una mucca. Superava i 3 metri di lunghezza ed era alto quasi 2 metri al garrese. Alcuni suoi fossili sono stati ritrovati nei pressi del fiume Uinta, in Colorado. Si pensa che fosse imparentato con cavalli ed elefanti.

52 **L'aspetto di un animale può essere fuorviante.** *Patriofelis* significa "padre dei felini". Vissuto circa 45 milioni di anni fa, fu chiamato così dagli scienziati che lo ritenevano, appunto, un protofelino. Ma di un felino aveva solo le sembianze. In realtà, faceva parte di un gruppo estinto di predatori, i creodonti.

QUIZ

1. Cosa significa *Patriofelis*?
2. Quant'era lungo il *Pakicetus*?
3. In che anno sono stati ritrovati i fossili del *Palaeotherium*?
4. Quanto era alto l'*Uintatherium*?
5. Quando si sono estinti i dinosauri ed è iniziato il dominio dei mammiferi?

Risposte
1. "Padre dei felini"
2. Quasi 2 metri 3. Nel 1804
4. Quasi 2 metri al garrese
5. 65 milioni di anni fa

E la Terra si raffreddò

53 **30 milioni di anni fa il pianeta iniziò a raffreddarsi e le palme, che prima crescevano un po' ovunque, si fecero più rade.** Questi alberi prosperavano infatti in condizioni calde e umide. Con l'arrivo del freddo si diffusero nuove piante come magnolie, pini, querce e betulle. Cambiando le temperature, anche gli animali dovettero adattarsi.

▼ Come dimensioni, un *Brontotherium* era una via di mezzo fra un rinoceronte e un elefante. I maschi usavano il corno a forma di Y che avevano sul muso per combattere.

54 ***Pyrotherium* significa "animale di fuoco", ma non perché questo erbivoro camminasse nel fuoco.** I suoi fossili sono stati trovati tra gli strati di cenere di un antico vulcano in Argentina che probabilmente eruttò, e i fumi e le ceneri soffocarono e bruciarono qualsiasi creatura si trovasse nelle vicinanze. Il *Pyrotherium*, della taglia di una mucca, pareva l'incrocio tra un maiale e un elefante dalle zanne corte.

55 **Molti animali preistorici hanno nomi forti, come il *Brontotherium*, che significa "bestia tuono."** I suoi fossili furono rinvenuti in America settentrionale, dove la gente del posto li ritenne ossa di dei che cavalcavano i loro carri nel cielo scatenando temporali.
Ecco perché questo animale fu chiamato così.

56 **L'*Andrewsarchus* aveva una testa enorme,** lunga un metro, la più grande di qualsiasi altro mammifero predatore terrestre. Le potenti mascelle erano piene di denti affilati e aguzzi. Il corpo era più grosso di quello di una tigre di oggi. Questo animale aveva le abitudini alimentari di una iena, perché mangiava creature morte, malgrado appartenesse a un gruppo di mammiferi erbivori. Visse 30 milioni di anni fa negli attuali deserti della Mongolia.

▲ L'*Andrewsarchus* si pensa sia il più grande animale carnivoro terrestre mai esistito.

NON CI CREDO!

Anche se il riscaldamento globale non si ferma, il mondo non tornerà alle temperature di 35 milioni di anni fa.

▲ Le corna sulla testa dell'*Arsinoitherium's* erano cave e forse le utilizzava per emettere richiami d'accoppiamento.

57 **Alcuni animali avevano corna alte quanto un essere umano!** Le due massicce dell'*Arsinoitherium* parevano armi pericolose, e invece erano leggere, fragili e di osso sottile. Questo erbivoro, vissuto nell'Africa settentrionale circa 35 milioni di anni fa, era grande quasi come un elefante, e forse era anche un suo antico parente.

Predatori preistorici

58 **Alcuni animali erano probabilmente onnivori.** Gli entelodonti, che somigliavano a dei facoceri, vissero circa 25 milioni di anni fa. Il *Dinohyus* doveva essere tra gli entelodonti più grandi. Dotato di denti aguzzi e forti, aveva potenti muscoli della mascella che gli consentivano di mangiare quasi tutto, foglie, radici, semi e animali di piccola taglia.

59 **Alcuni cacciatori di animali erano ditigradi, altri plantigradi.** I primi, per esempio molti predatori di mammiferi quali gatti e cani, camminano toccando il suolo solo con le dita, così da correre più veloci. Il *Daphoenodon*, invece, poggiava a terra tutta la pianta dei piedi, come un orso. Viene spesso chiamato "cane orso" perché aveva l'aspetto di un cane, ma camminava come un orso.

▼ Il *Dinohyus* viveva in America del Nord ed era lungo circa 3 metri. I potenti muscoli del collo e i grandi canini fanno pensare che si nutrisse di carne.

60 **Studiando i loro fossili, è possibile dedurre se si trattava di cacciatori diurni o notturni.** Il *Plesictis* era simile a una donnola. Dai fossili si desume che avesse grandi orbite (cavità) per gli occhi, il che significa che cacciava di notte. Aveva anche artigli affilati e una lunga coda, quindi forse scorrazzava tra gli alberi in cerca di uccelli e insetti, afferrandoli con gli artigli e bilanciandosi con la coda.

61 **Alcuni predatori sono cambiati poco nel corso di milioni di anni.** Il *Potamotherium*, un'antica lontra diffusa in Europa 23 milioni di anni fa, ricordava le lontre attuali. Il corpo era perfetto per cacciare pesci nei corsi d'acqua, senza bisogno di ulteriori adattamenti.

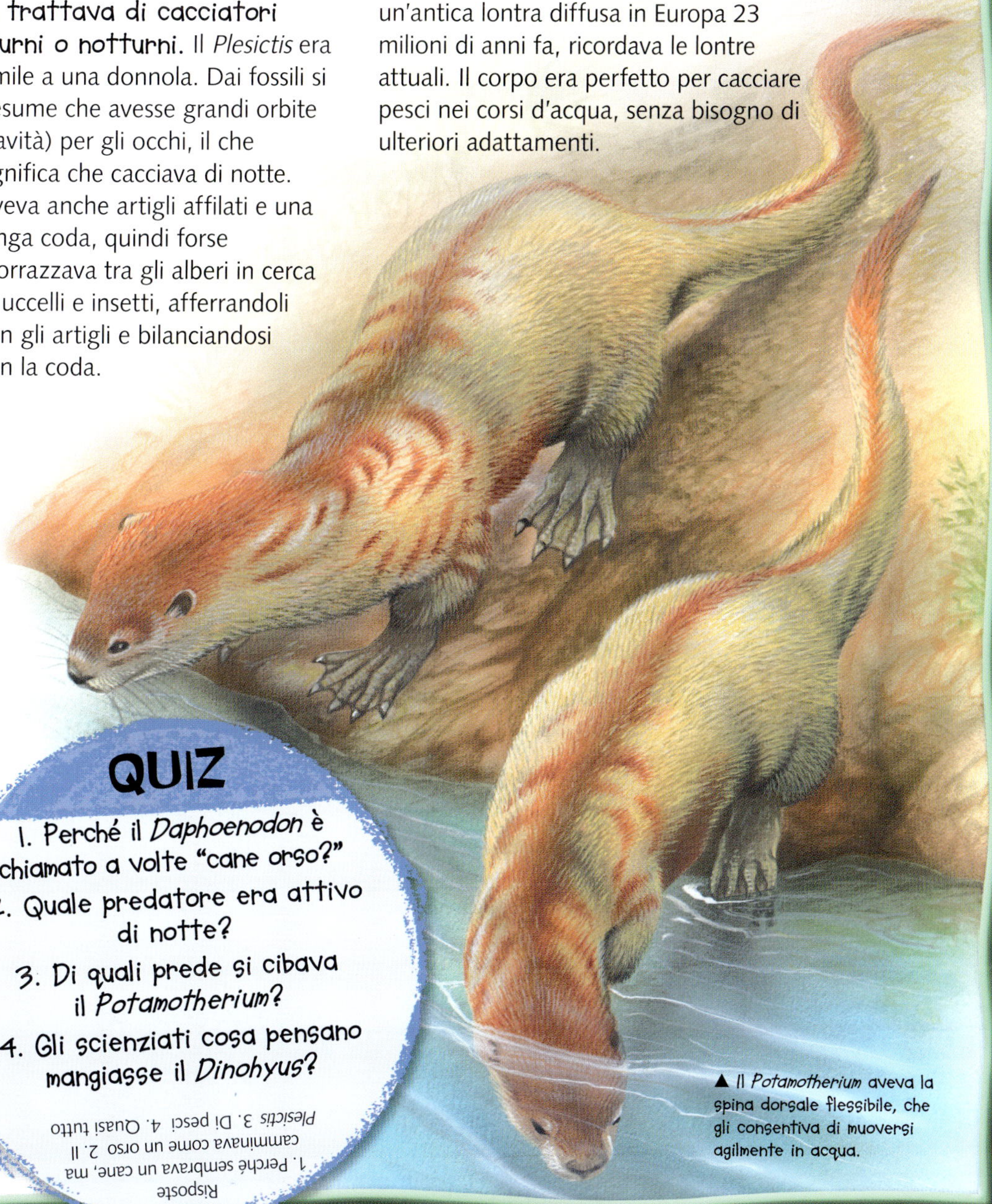

▲ Il *Potamotherium* aveva la spina dorsale flessibile, che gli consentiva di muoversi agilmente in acqua.

QUIZ

1. Perché il *Daphoenodon* è chiamato a volte "cane orso?"
2. Quale predatore era attivo di notte?
3. Di quali prede si cibava il *Potamotherium*?
4. Gli scienziati cosa pensano mangiasse il *Dinohyus*?

Risposte
1. Perché sembrava un cane, ma camminava come un orso 2. Il *Plesictis* 3. Di pesci 4. Quasi tutto

Antenati degli elefanti

62 **Il primo elefante aveva zanne piccole ed era quasi privo di proboscide.** Il *Moeritherium* viveva nell'Africa settentrionale circa 36 milioni di anni fa. Alto 60 centimetri, pesava sui 20 chilogrammi. Aveva più o meno la taglia di un grosso cane da compagnia.

▶ I mammut lanosi avevano una pelliccia lunga e irsuta che nelle gelide condizioni dell'era glaciale manteneva asciutto e impermeabile il caldo sottopelo.

NON CI CREDO!

Le zanne dell'*Anancus* erano lunghe più di 4 metri... quasi quanto l'animale intero.

63 **Alcuni elefanti erano davvero pelosi!** Il mammut lanoso era ricoperto di una pelliccia lunga, spessa e folta che lo proteggeva nelle rigide temperature dell'era glaciale. Era più grande dei moderni elefanti e probabilmente veniva cacciato dai primi uomini. L'ultimo mammut lanoso si estinse forse meno di 10.000 anni fa.

64 **Un elefante aveva zanne simili a pale.** Il *Platybelodon* abitava circa 9 milioni di anni fa fra Europa, Asia e Africa. Forse usava le zanne inferiori, sagomate come ampie e piatte pale, per tirare su le piante acquatiche di cui si cibava.

88 I primi fossili di una scimmia preistorica gigante furono ritrovati in una farmacia tradizionale cinese di Hong Kong più di 70 anni fa. Uno scienziato tedesco li scoprì nel 1935 e chiamò *Gigantopithecus* questa scimmia solo osservando pochi denti fossili.

89 Il *Gigantopithecus* era colossale: oltre 3 metri d'altezza! Il suo nome significa in greco "scimmia gigante". Era infatti molto più grande della scimmia più grande che conosciamo oggi, il gorilla. Mangiava probabilmente radici e semi, e forse cacciava piccoli animali come uccelli, ratti e lucertole.

▲ Fu forse per cercare di vedere più lontano, nelle praterie, che le prime scimmie iniziarono a camminare sui due arti inferiori.

▶ L'enorme *Gigantopithecus* riusciva probabilmente ad alzarsi sulle zampe posteriori, e così arrivava al cibo posto più in alto.

90 Gli scienziati cercano di capire quali animali sono i nostri parenti più stretti attraverso i fossili e con la chimica. La sostanza chimica chiamata DNA contiene geni che forniscono informazioni su come crescono e funzionano gli organismi viventi. Oggi, gli animali che hanno il DNA più simile al nostro sono le scimmie antropomorfe tipo scimpanzé e gorilla, entrambi dall'Africa. I nostri più antichi cugini erano quindi forse scimmie come loro. L'orango, in Asia sud-orientale, è invece meno simile.

91 Per oltre 160 milioni di anni i dinosauri furono la specie dominante sulla Terra. Ce n'erano di molti tipi diversi: enormi e minuscoli, alti e bassi, magri e massicci, veloci e lenti. E poi potevano essere feroci carnivori dai denti affilati, o pacifici erbivori ruminanti. Fino a quando, di punto in bianco, una catastrofe pose fine alla loro egemonia.

▼ 70 milioni di anni fa in America del Sud un gruppo di dinosauri del genere *Austroraptor* attaccò un enorme erbivoro. Molti dinosauri "rapaci", veloci quanto feroci, avevano le piume. L'*Austroraptor* era uno dei più grandi con i suoi oltre 300 chilogrammi di peso. La lunghezza? Ben 5 metri.

Quando vissero i dinosauri?

92 **I dinosauri si pensa siano vissuti tra i 230 e i 65 milioni di anni fa, all'interno dell'era detta "mesozoica",** e furono le principali creature terrestri per un tempo 80 volte più lungo rispetto a quello degli umani sulla Terra!

93 **I dinosauri non erano gli unici animali a vivere nel Mesozoico.** Contemporaneamente, circolavano molte altre specie: insetti, ragni, crostacei, pesci, lucertole, coccodrilli e mammiferi pelosi.

94 **Esistevano dinosauri di forme e dimensioni diverse.** Alcuni erano così piccoli da stare in una mano. Ma ce n'erano anche di grandi più di una casa!

◀ Il piccolo *Saltopus*, lungo meno di un metro, era, nel Triassico, uno stretto parente dei dinosauri.

▼ Verso la fine del Paleozoico, i rettili iniziarono a sostituirsi agli anfibi come animali terrestri dominanti di grandi dimensioni. I mammiferi invece subentrarono ai dinosauri nel Cenozoico. Con "Ma" si intende "milioni di anni fa".

PALEOZOICO

I rettili, compresi gli antenati dei dinosauri, iniziano a diventare dominanti rispetto agli anfibi.

Lystrosaurus (anfibio)

Diplocaulus (rettile simile a un mammifero)

299-251 MILIONI DI ANNI FA
PERIODO PERMIANO

MESOZOICO

Fanno la loro comparsa i primi veri dinosauri: piccoli carnivori che camminano su due zampe ed erbivori di maggiori dimensioni.

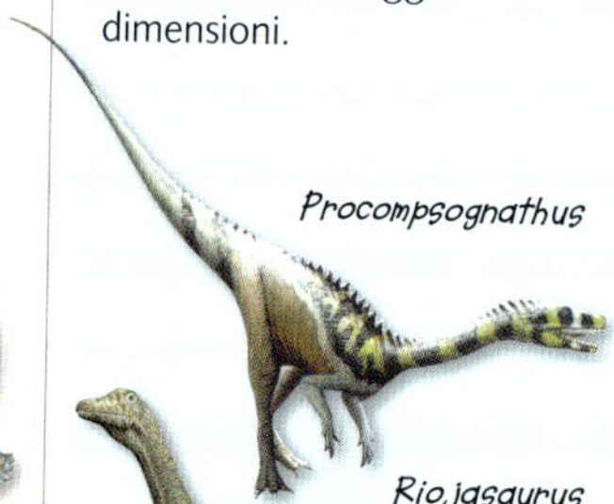

Procompsognathus

Riojasaurus

251-200 MILIONI DI ANNI FA
PERIODO TRIASSICO

In questo periodo si diffondono molti dinosauri diversi, compresi alcuni erbivori mastodontici, come il *Barosaurus*.

Barosaurus

Allosaurus

200–145,5 MILIONI DI ANNI FA
PERIODO GIURASSICO

◄ Lo *Stegosaurus* fu un animale che nel periodo tardo Giurassico ebbe molto successo in America del Nord e in Europa.

96 **Nell'età dei dinosauri gli esseri umani non esistevano ancora.** Tra gli ultimi dinosauri e i primi uomini ci fu un lasso di tempo di oltre 60 milioni di anni.

NON CI CREDO!

Il termine "dinosauro" significa "lucertola terribile". Ma i dinosauri non erano lucertole... e non tutti i dinosauri erano terribili! I piccoli dinosauri erbivori erano temibili quanto lo è oggi... una pecora!

95 **Non ci fu neanche un tipo di dinosauro che sopravvisse per tutta l'era mesozoica.** Si successero tipi diversi, comparvero e scomparvero... Alcuni durarono meno di un milione di anni, altri, come lo *Stegosaurus*, si conservarono vari milioni di anni.

MESOZOICO

Nel corso dell'ultima parte dell'età dei dinosauri non ci sono solo carnivori giganti, ma anche erbivori corazzati.

Tyrannosaurus rex

Deinonychus

Saltasaurus

Spinosaurus

145,5–65,5 MILIONI DI ANNI FA
PERIODO CRETACEO

CENOZOICO

I dinosauri si estinguono e sulla terraferma prendono presto il sopravvento i grandi mammiferi.

Megacerops
mammifero erbivoro

Nesodon
mammifero erbivoro

65,5–23 MILIONI DI ANNI FA
PERIODO PALEOGENE

Si diffondono nuovi tipi di mammiferi come felini, cavalli, cetacei e pipistrelli

Thylacosmilus
mammifero carnivoro

23–2,6 MILIONI DI ANNI FA
PERIODO NEOGENE

Prima dei dinosauri

97 Non furono i dinosauri i primi animali a comparire sulla Terra. Prima di loro vissero molte altre creature, compresi alcuni tipi di rettili, il cui gruppo include i dinosauri.

▶ L'*Erythrosuchus* era un rettile simile a un coccodrillo, che si diffuse prima dei dinosauri.

98 Il *Dimetrodon* era un feroce rettile carnivoro. Malgrado gli assomigliasse, non era un dinosauro, però. Visse infatti 270 milioni di anni fa, ben prima che i dinosauri iniziassero a esistere. Era lungo circa 3 metri e aveva un'alta membrana di pelle sul dorso simile a una vela.

99 Assomigliavano ai dinosauri anche i primissimi coccodrilli, che comparvero prima dei dinosauri. Uno di questi, l'*Erythrosuchus*, vissuto 240 milioni di anni fa, era lungo 4,5 metri. Se ne stava in agguato nelle paludi cibandosi di pesce.

▶ Le zampe del *Dimetrodon* si estendevano lateralmente allo stesso modo di una lucertola, non erano sotto al corpo come nei dinosauri.

100 **I terapsidi si diffusero prima dei dinosauri, ma poi convissero con i primi esemplari.** Erano rettili, ma diversamente dalla maggior parte di loro, non avevano la pelle squamosa. Essendo ricoperti di pelliccia o peluria, ricordavano di più i mammiferi.

QUIZ

1. Il *Dimetrodon* visse prima o dopo i dinosauri?
2. I terapsidi avevano squame o pelo?
3. Con che nome erano noti i rettili volanti imparentati con i dinosauri?
4. I dinosauri sono cambiati gradualmente... o si sono evoluti in coccodrilli?

Risposte
1. Prima 2. Pelo
3. Pterosauri 4. I dinosauri non si sono evoluti in coccodrilli, anzi, sono comparsi dopo

101 **Il gruppo dei dinosauri si sviluppò probabilmente attorno a 238-232 milioni di anni fa.** Purtroppo non abbiamo alcun fossile che testimoni quali fossero i suoi antenati, dove fossero diffusi e quando. Si sa però che tra i più stretti parenti c'erano coccodrilli e pterosauri (rettili volanti), con cui formavano il più grande gruppo degli arcosauri.

▶ L'*Euparkeria* era probabilmente in grado di rizzarsi sulle zampe posteriori per correre, come più tardi avrebbero fatto molti dinosauri carnivori.

102 **Alcuni piccoli rettili di oggi ci fanno capire che aspetto avevano gli antenati dei dinosauri.** L'*Euparkeria* (245 milioni di anni fa, Africa del Sud), il *Lagosuchus* e il *Marasuchus* (America del Sud circa 235 milioni di anni fa) erano piccoli, leggeri e veloci, con lunghe zampe posteriori e denti affilati per mangiare insetti e piccoli animali.

Arrivano i dinosauri!

▲ I denti dell'*Eoraptor* erano adatti a mangiare sia piccole prede animali sia teneri cibi vegetali.

103 **I primi dinosauri popolarono la Terra circa 230 milioni di anni fa.** Diffusi in quella che è l'odierna Argentina, includevano l'*Eoraptor* e l'*Herrerasaurus*. Magri e svelti, correvano eretti sulle zampe posteriori. Pochi altri animali di quel periodo potevano alzarsi sui due arti inferiori, che erano dritti sotto il loro corpo. La maggior parte degli altri animali aveva zampe che sporgevano di lato.

▲ L'*Herrerasaurus* misurava dal naso alla coda circa 3 metri. Era piccolo, agile e veloce.

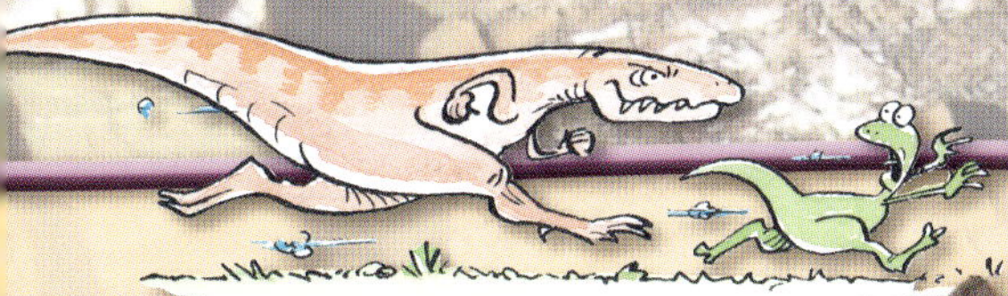

104 **I primi dinosauri cacciavano piccoli animali quali lucertole, altri rettili, insetti e vermi.** Avevano corpi leggeri e zampe lunghe e forti che consentivano loro di inseguire la preda, che catturavano grazie agli artigli lunghi e affilati. Le enormi fauci erano piene di denti aguzzi con cui mordevano e strappavano il cibo.

▶ Uno dei più antichi, grandi dinosauri, il *Lessemasaurus*, del peso di 2 tonnellate, era stanziato circa 210 milioni di anni fa in America del Sud.

105 **Appena i dinosauri si diffusero, iniziarono anche ad adattarsi, o evolversi, in nuovi tipi.** Evolversi è una caratteristica degli esseri viventi fin dall'inizio della vita. Da allora, continuarono a farsi avanti nuovi animali e piante, prosperando per un po', e tornando poi a scomparire. Alcuni primi dinosauri che crebbero più di altri divennero erbivori, come il *Lessemasaurus*, lungo 9 metri.

ZAMPE FORTI!

Cosa ti serve

cartoncino rigido • nastro adesivo
forbici di sicurezza • fermacampione

Ricopia sul cartoncino l'immagine dell'*Herrerasaurus* che trovi a p. 48, ma senza le gambe posteriori, poi colora il disegno da entrambi i lati e ritaglialo. Ora copia le due zampe posteriori su un altro pezzo di cartoncino, dipingile e ritaglia anche queste. Fissa col fermacampione le zampe ai lati del corpo nella zona dell'anca e regola l'angolatura. Molti dinosauri si alzavano così sulle zampe posteriori.

Il primo tra i giganti

106 **Uno dei primi grandi dinosauri che abbiamo imparato a conoscere grazie ai fossili era il *Plateosaurus*.** Questo erbivoro, che misurava 8 metri in lunghezza, visse 220 milioni di anni fa in quella che è l'Europa attuale. Era in grado di rizzarsi sulle zampe posteriori, e per raggiungere il cibo situato in alto sugli alberi estendeva il lungo collo.

▲ Sono stati ritrovati molti fossili di *Plateosaurus* relativi ad almeno un centinaio di esemplari, per questo conosciamo la forma del corpo, le dimensioni, il tipo di denti e vari altri dettagli in più rispetto a tanti altri dinosauri.

107 **Il *Riojasaurus* era un erbivoro ancora più grande.** Diffuso 218 milioni di anni fa in quella che è l'odierna Argentina, arrivava a 10 metri di lunghezza e superava la tonnellata di peso.

108 **I primi grandi erbivori avevano dimensioni ancora superiori. Il collo, molto lungo, permetteva loro di allungarsi verso gli alberi più alti e arrivare al cibo.** La stazza era d'aiuto quando dovevano combattere con i carnivori, alcuni anche di 5 metri, pronti a mangiarseli.

◄ Anche il *Plateosaurus*, come il *Riojasaurus*, era incluso nel gruppo dei dinosauri chiamati prosauropodi, con testa piccola, coda e collo lunghi.

109 **Questi dinosauri vissero nel Triassico, cioè all'inizio dell'età dei dinosauri.** Verso la fine di tale periodo, 200 milioni di anni fa, gran parte del pianeta era popolata da dozzine di dinosauri di svariato tipo.

NON CI CREDO!

I dinosauri erano erbivori, ma non mangiavano frutti o erba perché... non esistevano ancora! Si cibavano invece di piante quali equiseti, felci, cicadee e conifere.

I denti raccontano...

110 Grazie ai fossili sappiamo dell'esistenza dei dinosauri e di altri animali vissuti molto tempo fa. In genere sono parti del corpo dure come ossa, artigli, corna e squame, conservatesi nelle rocce per milioni di anni. I denti di dinosauro erano duri e hanno formato un gran numero di fossili.

112 La forma di un dente ci aiuta a capire la dieta prevalente del suo proprietario. L'*Edmontosaurus* era un dinosauro a becco d'anatra lungo 12 metri che aveva file di denti larghi, grandi, affilati e zigrinati ai lati della bocca, perfetti per masticare cibi vegetali duri come ramoscelli.

◀ La testa dell'*Edmontosaurus* era lunga, larga e muscolosa, adatta a trascorrere ore a masticare... come fanno anche i nostri cavalli di oggi.

111 Il *Tyrannosaurus* aveva 50–60 denti appuntiti e lunghi oltre 20 centimetri, idonei a catturare le prede e a strappare via pezzi di carne che inghiottiva. Ai dinosauri quando i denti vecchi si rompevano o cadevano, al loro posto ne crescevano di nuovi.

▶ I denti del *Tyrannosaurus* erano forti e robusti, ma non particolarmente affilati, più adatti a strappare che a tagliare.

113 **Alcuni dinosauri, per esempio il *Gallimimus*, erano del tutto privi di denti!** Avevano la bocca di una sostanza dura, resistente, cornea come le nostre unghie e a forma di becco di uccello, adatta a beccare cibo come semi, vermi e insetti, tipico di molti uccelli che conosciamo anche noi.

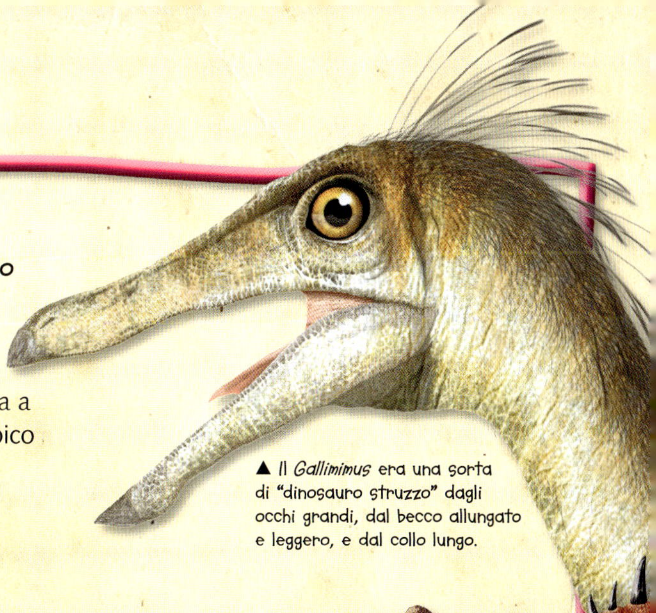

▲ Il *Gallimimus* era una sorta di "dinosauro struzzo" dagli occhi grandi, dal becco allungato e leggero, e dal collo lungo.

114 **Il *Baryonyx* aveva denti stretti, conici e appuntiti** che assomigliavano a quelli di un coccodrillo o di un delfino odierno. Servivano per acchiappare prede scivolose come i pesci.

▲ La testa di un *Baryonyx* era lunga più di un metro, con la parte anteriore del muso espansa a forma di cucchiaio.

115 **I denti dell'*Apatosaurus*, il dinosauro gigante dal collo lungo, avevano la forma di matite.** Funzionavano come un rastrello: strappavano le foglie dai rami direttamente in bocca, pronte da mandar giù.

DENTI DI DINOSAURO!

Con l'aiuto di un adulto, cerca nella cassetta degli attrezzi i denti di un dinosauro! Alcuni attrezzi assomigliano infatti molto ai loro denti e svolgono compiti simili.

Lima o raspa: dalla superficie ampia e grana dura, ricordano i denti di un *Edmontosaurus*.

Coltello: lungo e appuntito come i denti del *T rex*, adatti a lacerare la carne.

Pinze: perfette per afferrare e stringere, come la bocca a becco del *Gallimimus*.

▲ Sebbene l'*Apatosaurus* fosse lungo circa 25 metri, il suo cranio misurava appena 60 centimetri. Passava la maggior parte del tempo a ruminare.

Dinosauri extra-large

116 **I veri giganti dell'età dei dinosauri erano i sauropodi.** Questi enormi dinosauri avevano tutti testa piccola, collo allungato, corpo massiccio, coda lunga e affusolata e quattro zampe colonnari. Tra i sauropodi più grandi vanno citati il *Brachiosaurus*, il *Mamenchisaurus*, il *Barosaurus*, il *Diplodocus*, il *Futalognkosaurus* e l'*Argentinosaurus*.

◀ Impronte fossili di un branco di sauropodi vicino al fiume Purgatoire, in Colorado (Stati Uniti).

117 **I dinosauri sauropodi vivevano probabilmente in gruppi, o branchi.** Lo si deduce osservando le loro impronte, conservatesi come fossili. Ogni piede lasciava un'orma grande quanto il sedile di una sedia. Centinaia di impronte ravvicinate significavano che molti sauropodi camminavano uno accanto all'altro.

▲ Il *Futalognkosaurus*, un tipo di sauropode noto come titanosauro, superava i 30 metri di lunghezza. Questo nome, che gli fu dato nel 2007, nella lingua argentina locale significa "lucertola capo gigante".

118 Il ***Diplodocus*** **era caratterizzato da una coda lunga che usava come una frusta!** Sembra che la muovesse con tale forza e velocità da farla sibilare. Con questa frusta vivente e coriacea, ricoperta di squame, terrorizzava i nemici e poteva anche strappare loro via la pelle.

121 **Si pensa che i sauropodi trascorressero la maggior parte del tempo a mangiare, 20 ore su 24.** Avevano corpi enormi che necessitavano di grandi quantità di nutrimento, mentre le loro bocche erano piccole!

119 **I sauropodi mangiavano sassi... e lo facevano di proposito!** Con i loro denti cosiddetti "a piolo" potevano solo rastrellare il cibo dentro la bocca, non masticarlo. Inghiottivano allora sassi e pietre che li aiutavano a digerire triturando e schiacciando il cibo. Questi ciottoli, arrotondati e levigati perché macinati uno contro l'altro nello stomaco, sono stati ritrovati accanto alle ossa fossili dei sauropodi.

▶ Il *Brachiosaurus* era lungo circa 25 metri e pesante 30 tonnellate. Col collo lunghissimo brucava gli alberi più alti.

120 **I più grandi sauropodi come il *Brachiosaurus* e il *Futalognkosaurus* erano bestie mastodontiche.** Pesavano fino a dieci volte più degli elefanti odierni, e nonostante questo le loro impronte fossili dimostrano che potevano correre veloci... quasi quanto te!

Artigli mortali

122 Quasi tutti i dinosauri erano muniti di artigli sulle dita delle zampe anteriori e dei piedi. Nei vari dinosauri avevano forme e funzioni diverse. Erano di cheratina, la stessa sostanza dura delle tue unghie di mani e piedi.

123 L'*Hypsilophodon* aveva artigli forti e robusti. Questo piccolo erbivoro di 2 metri pare se ne servisse per grattare il suolo e scavare alla ricerca di semi e radici.

124 Il *Deinonychus* aveva artigli lunghi e ricurvi sugli arti anteriori, con cui catturava le prede e strappava loro via pelle e carne. L'enorme artiglio uncinato, grande quanto una tua mano, sul secondo dito dei piedi, lo usava per sferrare colpi dall'alto e tagliare a pezzi la preda come con un coltello.

◀ *Deinonychus* significa "artiglio terribile". Questo dinosauro aveva probabilmente le piume, come altri rapaci. Visse in America settentrionale 110 milioni di anni fa.

125 **Anche il *Baryonyx* aveva un grande artiglio, ma era sul pollice degli arti superiori.** Si pensa che lo usasse come un amo da pesca, per catturare i pesci.

126 **I piedi dell'*Iguanodon* erano dotati di artigli** che però, arrotondati e smussati com'erano, ricordavano più degli zoccoli. Questo dinosauro aveva anche artigli tozzi sulle dita delle zampe anteriori, mentre l'artiglio del pollice era più lungo e aguzzo, forse per sferrare colpi mortali ai nemici.

▶ I terizinosauri, vissuti nel Cretaceo e diffusi in Asia orientale e nella parte occidentale dell'America del Nord, avevano artigli smisurati, ma il motivo resta un mistero.

127 **I giganti sauropodi avevano artigli praticamente piatti.** Quelli dei dinosauri come per esempio l'*Apatosaurus* assomigliavano più a delle unghie sui loro piedoni!

▶ L'*Apatosaurus* usava forse il lungo artiglio sull'estremità anteriore del piede per difendersi.

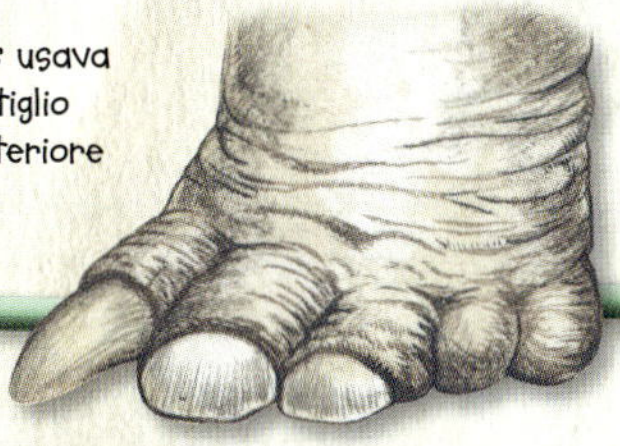

128 **Il dinosauro con gli artigli più grandi era il *Therizinosaurus*, o "rettile a falce".** Quelli delle zampe anteriori, lunghi fino anche un metro, li adoperava forse per abbassare, e tagliare, le fronde di cui si cibava.

129 **Quello dei terizinosauri era un gruppo di dinosauri grandi e dall'aspetto bizzarro, lunghi circa 10 metri e di circa 5 tonnellate.** Sviluppatosi nella tarda età dei dinosauri, comprendeva l'*Alxasaurus*, il *Nothronychus*, il *Beipiaosaurus* e il *Therizinosaurus*.

Carnivori micidiali

Lo *Spinosaurus* visse circa 100 milioni di anni fa. Lungo fino a 15 metri, raggiungeva il peso di 10 tonnellate.

Con i suoi 13–14 metri di lunghezza, il *Carcharodontosaurus* cacciava in Africa settentrionale 95 milioni di anni fa. I suoi denti seghettati erano lunghi 20 centimetri.

Il *Giganotosaurus* era lungo anche 13,5 metri e aveva il cranio più grande di tutti i dinosauri carnivori. Lo si colloca 97 milioni di anni fa.

130 **I più grandi dinosauri carnivori sono anche i più grandi predatori che abbiano mai messo piede sulla Terra.** L'*Allosaurus*, vissuto 150 milioni di anni fa in America del Nord, arrivava a quasi 10 metri di lunghezza. Il *Tyrannosaurus rex*, 66 milioni di anni fa, era lungo 12 metri. Nell'America del Sud il *Giganotosaurus* era più grande, e in Africa settentrionale il *Carcharodontosaurus* e lo *Spinosauro* avevano dimensioni ancora maggiori. Sono i più grandi dinosauri carnivori finora conosciuti.

NON CI CREDO!

Alcuni dinosauri carnivori non solo mordevano le prede, ma si mordevano tra di loro! Vari fossili di *Tyrannosaurus* presentano segni di morsi sul cranio. Forse si combattevano per conquistarsi il ruolo di capobranco, come fanno i lupi.

131 **Questi grandi predatori erano ben equipaggiati per cacciare prede di grandi dimensioni, compresi altri dinosauri.** Avevano enormi bocche con denti affilati e mascelle potenti, zampe posteriori lunghe e forti per correre spediti e grossi artigli sulle dita dei piedi per calciare e poi immobilizzare le vittime.

132 **I carnivori si procuravano il cibo in vari modi,** per esempio rimanendo appostati dietro rocce o alberi per poi balzare fuori sorprendendo il loro pasto. Alcuni rincorrevano la preda, altri la seguivano senza fretta fino a sfiancarla. Altri ancora banchettavano sulle carcasse di animali morti, o moribondi, perché vecchi, malati o feriti.

Il *T rex* è stato tra gli ultimi grandi dinosauri predatori. Un esemplare adulto pesava probabilmente 6–7 tonnellate.

L'*Allosaurus* era il più grande dinosauro carnivoro del Giurassico. Era relativamente leggero, visto che non superava le 2–3 tonnellate!

Guarda! Ascolta! Annusa!

133 **Proprio come i nostri rettili di oggi, anche i dinosauri vedevano, ascoltavano e annusavano il mondo intorno a loro.** Lo sappiamo dai fossili: i teschi conservati avevano cavità per occhi, orecchie e narici.

▶ Il *Leaellynasaurus*, 3 metri di lunghezza, era un erbivoro che visse 115 milioni di anni fa in quella che è l'odierna Australia.

134 **Alcuni dinosauri, come il *Leaellynasaurus* e il *Troodon*, avevano grandi occhi.** I loro teschi fossili presentano grosse orbite. Oggi, animali come topi, gufi e lucertole notturne vedono bene al buio. Forse il *Troodon* si aggirava per la foresta durante la notte, cercando nell'oscurità piccole creature di cui cibarsi.

▶ Il *Troodon*, vissuto in America del Nord 70 milioni di anni fa, era lungo circa 2 metri.

135 **C'erano anche delle cavità ai lati della testa, in corrispondenza delle orecchie del *Troodon*.** In genere le orecchie dei dinosauri erano tonde e piatte, come quelle degli altri rettili. Il *Troodon* era in grado di sentire anche i minimi rumori dei piccoli animali che si aggiravano nell'oscurità.

136 **Le narici del *Troodon*, con cui respirava e sentiva gli odori, erano due fori nella parte anteriore del muso.** Con il fine olfatto il *Troodon* fiutava le prede: insetti, vermi, piccoli rettili, per esempio lucertole, e mammiferi di piccola taglia come i toporagni.

137 **I dinosauri usavano occhi, orecchie e naso non solo per trovare cibo, ma anche per individuare i nemici... e pure i compagni.** Il *Parasaurolophus* aveva in testa una lunga cresta cava simile a un tubo. Forse vi soffiava aria attraverso per produrre un suono simile a quello di una tromba, come fanno oggi gli elefanti con la proboscide.

138 **I dinosauri come il *Parasaurolophus* emettevano versi per comunicare con i compagni del branco.** Per mezzo di suoni diversi informavano gli altri, per esempio, della presenza di predatori carnivori.

GRANDI OCCHI

Cosa ti serve

un cartoncino rigido • forbici con lame arrotondate • un elastico • matite colorate

1. Realizza una maschera di *Troodon* ritagliando la forma che vedi qui sotto per il volto e due piccoli fori per gli occhi, ognuno del diametro di 1 centimetro.
2. Colora la maschera e attacca l'elastico, in modo da poterla indossare.
3. Ora che hai su la maschera... non riesci a vedere molto bene, vero?
4. Allarga i fori della misura degli occhi del reale *Troodon*.

Ora avrai una visione più ampia e chiara!

▼ Il *Parasaurolophus* era un dinosauro dal becco d'anatra che faceva parte della famiglia degli adrosauridi. Lungo circa 10 metri, visse in America del Nord 80 milioni di anni fa.

Vivere con i dinosauri

139 **I dinosauri camminavano e correvano sulla terraferma,** nessuno volava né trascorreva la sua vita in acqua. Al tempo dei dinosauri, però, molte altre creature erano in grado di volare o nuotare, e alcuni erano rettili come lo erano i dinosauri.

140 **Gli ittiosauri erano rettili che popolavano il mare.** Assomigliavano ai delfini, con corpi allungati e snelli, pinne e coda. Si nutrivano dei pesci che cacciavano.

141 **Anche i plesiosauri erano rettili e vivevano in mare.** Avevano collo lungo e corpi arrotondati, con quattro grandi pinne e coda corta.

142 **Le tartarughe erano rettili che abitavano gli oceani molto tempo fa.** Dotate di un robusto guscio a cupola e quattro pinne, sono arrivate fino a noi, mentre gli ittiosauri e poi i plesiosauri si sono estinti verso la fine dell'era dei dinosauri.

▶ In questa immagine marina e costiera del Cretaceo si può vedere come il dinosauro *Ouranosaurus* (4) vivesse accanto a molti altri tipi di animali.

143 **Gli pterosauri erano rettili volanti.**

Con le sottili ali di pelle sostenute da lunghe ossa delle dita, sorvolavano la superficie del mare e catturavano piccoli pesci con le bocche a forma di becco e i denti aguzzi. Altri si lanciavano in picchiata su piccoli animali terrestri.

▲ A differenza dei nostri uccelli, era dotato di minuscoli denti, con cui riusciva a trattenere saldamente prede scivolose.

144 **L'origine degli uccelli risale a circa 150 milioni di anni fa.**

Alcuni si sono evoluti per tuffarsi in mare e cacciare pesci, come fanno oggi gabbiani e sterne. L'*Ichthyornis*, lungo 25 centimetri, popolava le coste nordamericane.

Info in breve

1 *Hesperornis* (uccello inabile al volo)
2 *Elasmosaurus* (rettile marino)
3 *Pteranodon* (rettile volante)
4 *Ouranosaurus* (dinosauro)
5 *Archelon* (tartaruga, ovipara)
6 *Archelon* (tartaruga, nuotatrice)
7 *Kronosaurus* (rettile marino)
8 *Ichthyosaurus* (rettile marino)
9 Belemniti (molluschi simili ai nostri calamari)
10 *Mosasaurus* (rettile marino)
11 *Elasmosaurus* (rettile marino)
12 Ammonite (mollusco)
13 *Cretoxyrhina* (squalo)

145 **I mosasauri erano enormi rettili che apparvero nel tardo Mesozoico.**

Alcuni arrivavano a 13 metri di lunghezza e a un peso di 5 tonnellate. Parenti delle lucertole, avevano un'enorme bocca irta di denti aguzzi.

Veloci... ma quanto?

146 I dinosauri camminavano o correvano a diverse andature, a seconda della loro forma e dimensione. Oggi, ghepardi e struzzi sono snelli, hanno zampe lunghe e riescono a correre molto veloci, mentre elefanti e ippopotami, enormi pesi massimi, si spostano con maggior lentezza. Anche i dinosauri erano così! Ce n'erano di enormi e lenti, altri piccoli, agili e veloci.

QUIZ

Metti questi dinosauri e animali dei nostri giorni in ordine di velocità, dal più lento al più veloce.

Essere umano (40 chilometri all'ora)
Ghepardo (più di 100 chilometri all'ora)
Muttaburrasaurus (15 chilometri all'ora)
Ornithomimus (70 chilometri all'ora)
Bradipo (0,2 chilometri all'ora)
Coelophysis (30 chilometri all'ora)

Risposta
Bradipo, *Muttaburrasaurus*, *Coelophysis*, essere umano, *Ornithomimus*, ghepardo

▼ L'*Ornithomimus*, diffuso in America del Nord tra i 70 e i 65 milioni di anni fa, aveva a lunghe e potenti zampe posteriori e ossa cave (come un uccello) che ne riducevano il peso.

147 I dinosauri più veloci erano gli ornitomimosauri, detti anche "dinosauri struzzo". La forma del corpo e le proporzioni ricordavano quelle dello struzzo odierno, l'uccello più grande e veloce del pianeta. Anche l'*Ornithomimus* era tra i più grandi: lungo 5 metri, pesava 300 chilogrammi.

148 **Il *Muttaburrasaurus* era un enorme dinosauro ornitopode imparentato con l'*Iguanodon*.** Probabilmente era in grado di camminare a un'andatura simile alla tua, tra i 4 e i 5 chilometri all'ora, mentre al galoppo arrivava a 15 chilometri all'ora. Al suo passaggio, con il suo peso di oltre 3 tonnellate, faceva probabilmente tremare la terra!

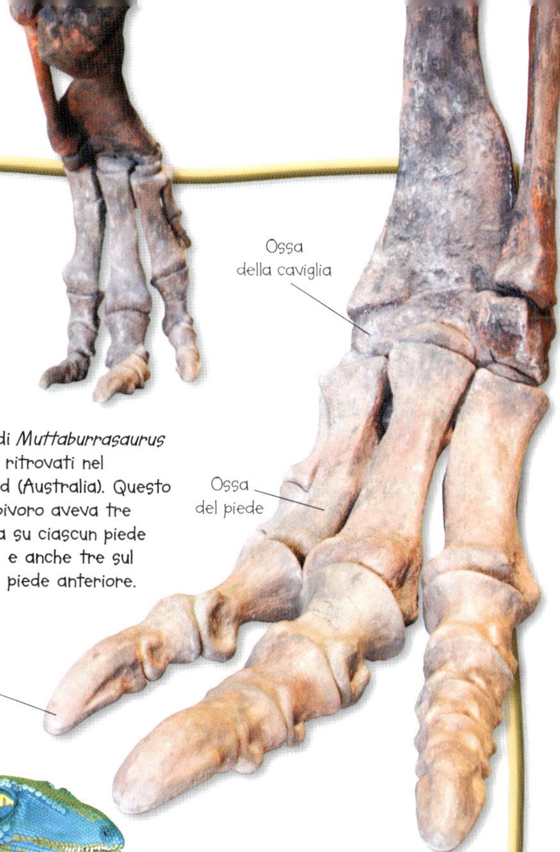

▶ Fossili di *Muttaburrasaurus* sono stati ritrovati nel Queensland (Australia). Questo grosso erbivoro aveva tre grandi dita su ciascun piede posteriore e anche tre sul più piccolo piede anteriore.

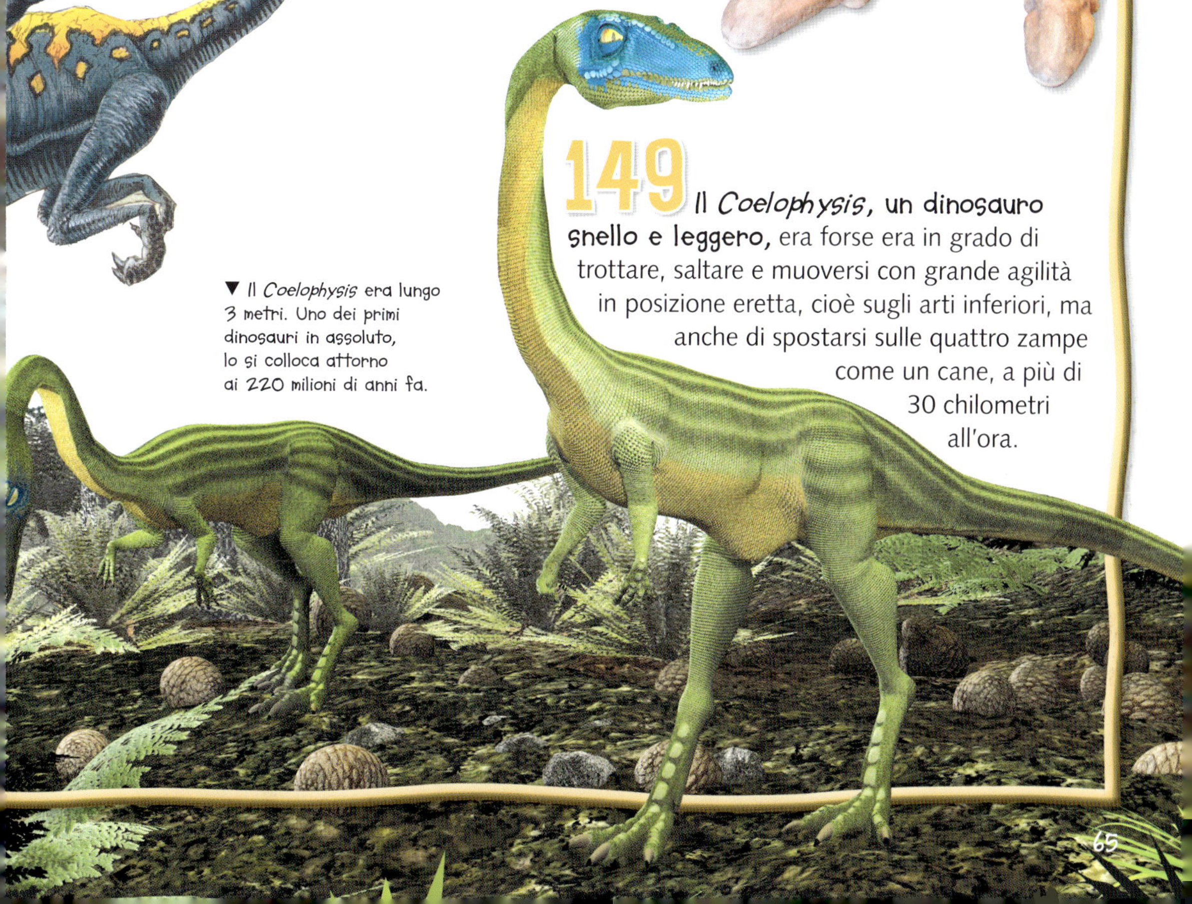

149 **Il *Coelophysis*, un dinosauro snello e leggero,** era forse era in grado di trottare, saltare e muoversi con grande agilità in posizione eretta, cioè sugli arti inferiori, ma anche di spostarsi sulle quattro zampe come un cane, a più di 30 chilometri all'ora.

▼ Il *Coelophysis* era lungo 3 metri. Uno dei primi dinosauri in assoluto, lo si colloca attorno ai 220 milioni di anni fa.

Nidi e uova

154 **Come molti rettili attuali, i dinosauri si riproducevano deponendo uova** da cui nascevano piccoli dinosauri che crescevano fino all'età adulta.

155 **Sono stati ritrovati molti tipi di uova (e anche di cuccioli), di dinosauri,** tra cui quelle di un piccolo *Oviraptor* originario dell'Asia centrale e quelle di uno dei primi sauropodi, il *Massospondylus*, dall'Africa del Sud.

▼ Questa femmina di *Oviraptor* controlla le uova appena deposte nel nido. Si presume fossero lunghe tra i 14 e i 18 cm.

156 **Dinosauri diversi deponevano uova di forme e dimensioni diverse.** Quelle degli enormi sauropodi, come il *Brachiosaurus*, erano forse di forma arrotondata e della dimensione di palloni da basket. Le uova dei grandi carnivori, tipo il *Tyrannosaurus*, avevano più una forma a salsiccia, lunghe 40 centimetri e larghe 15.

157 **Alcuni dinosauri preparavano il nido per deporvi le uova.** L'*Oviraptor*, che visse oltre 75 milioni di anni fa in quello che è oggi il deserto del Gobi (Asia), probabilmente scavava grosse buche nel terreno del diametro di un metro circa, e qui deponeva 15-20 uova in un'ordinata forma a spirale.

148 Il ***Muttaburrasaurus*** **era un enorme dinosauro ornitopode imparentato con l'*Iguanodon*.** Probabilmente era in grado di camminare a un'andatura simile alla tua, tra i 4 e i 5 chilometri all'ora, mentre al galoppo arrivava a 15 chilometri all'ora. Al suo passaggio, con il suo peso di oltre 3 tonnellate, faceva probabilmente tremare la terra!

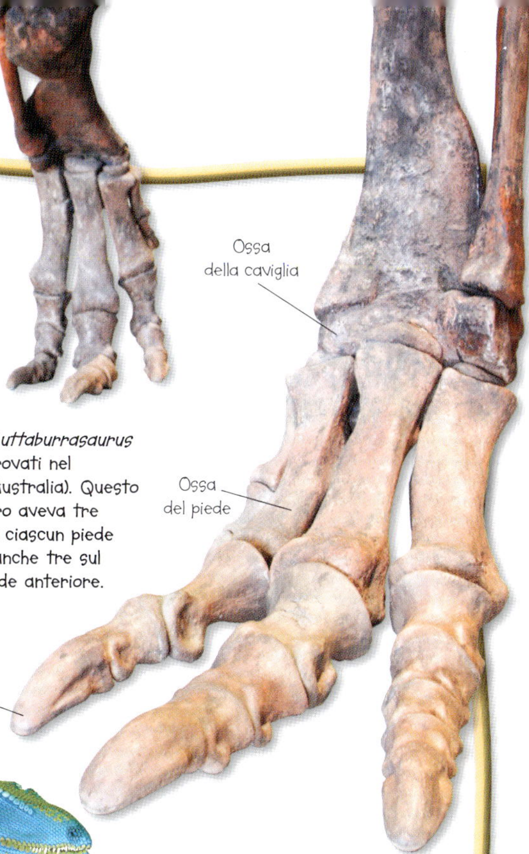

▶ Fossili di *Muttaburrasaurus* sono stati ritrovati nel Queensland (Australia). Questo grosso erbivoro aveva tre grandi dita su ciascun piede posteriore e anche tre sul più piccolo piede anteriore.

149 Il ***Coelophysis*, un dinosauro snello e leggero,** era forse era in grado di trottare, saltare e muoversi con grande agilità in posizione eretta, cioè sugli arti inferiori, ma anche di spostarsi sulle quattro zampe come un cane, a più di 30 chilometri all'ora.

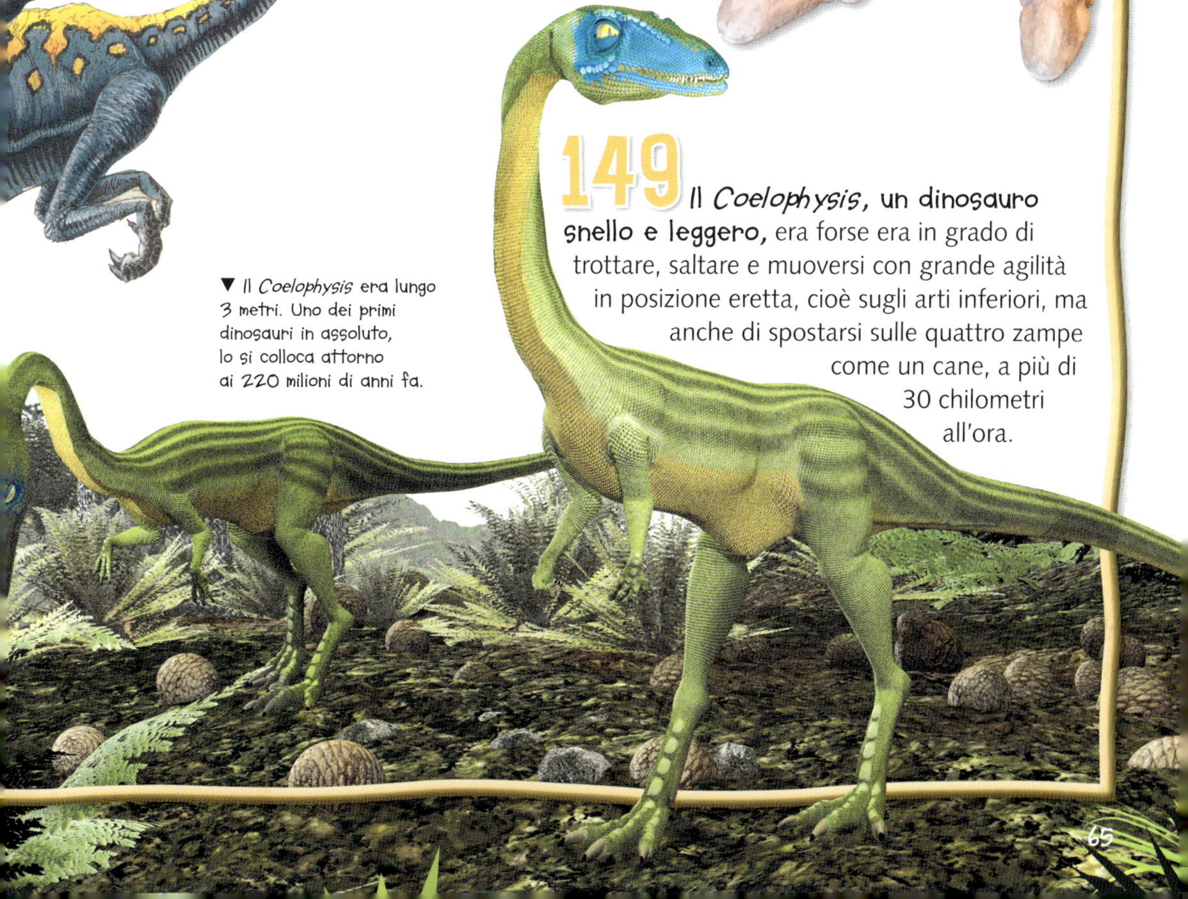

▼ Il *Coelophysis* era lungo 3 metri. Uno dei primi dinosauri in assoluto, lo si colloca attorno ai 220 milioni di anni fa.

Corazzati come carri armati

150 **Alcuni dinosauri avevano difese naturali per proteggersi dai predatori.** Grandi corna o aculei, oppure protuberanze ossee e vere e proprie armature. Quasi tutti i dinosauri erbivori erano corazzati per difendersi contro feroci carnivori come il *T rex*.

151 **Il *Triceratops* era dotato di tre robusti corni! Uno sul naso e due, più lunghi, sopra gli occhi.** Un ampio collare osseo su collo e spalle serviva da scudo. I corni e il collare lo facevano sembrare minaccioso, ma passava gran parte del tempo a nutrirsi, placido, di piante. Se attaccato caricava e colpiva, come i rinoceronti di oggi.

▼ Il *Triceratops* era lungo 9 metri e superava le 5 tonnellate. Visse 65 milioni di anni fa in America del Nord.

INVENTALO TU!

Inventa un dinosauro! Potrebbe avere corazza e mazza caudale come un *Euoplocephalus*, o corni frontali e collare come un *Triceratops*. Disegnalo, o assemblalo ritagliando dei pezzi di cartoncino, oppure modellalo con della plastilina. Ora inventa un nome, per esempio... *Euoploceratops* o *Tricephalus*. È ben protetto, almeno quanto uno dei degli animali corazzati di oggi, tipo le tartarughe, gli armadilli o gli istrici?

152 **Lo *Styracosaurus* era un dinosauro ceratopside (letteralmente "faccia cornuta") come il triceratopo, ma con un collare osseo più elaborato.** Fino a sei lunghe spine, di oltre un metro di lunghezza, si allungavano dalla base del collare, donando a questo dinosauro un aspetto ancora più feroce.

▲ Lo *Styracosaurus* arrivava a quasi 6 metri di lunghezza e a 1,8 metri di altezza.

◀ L'*Euoplocephalus* faceva parte del gruppo degli anchilosauri. Con grandi piastre ossee e bitorzoli sulla pelle, erano tra i dinosauri più corazzati.

153 **La coda di un *Euoplocephalus* terminava con un grosso pezzo d'osso** del diametro di quasi un metro, che ricordava un enorme martello o una mazza che usava per colpire i predatori che lo attaccavano.

Nidi e uova

154 **Come molti rettili attuali, i dinosauri si riproducevano deponendo uova** da cui nascevano piccoli dinosauri che crescevano fino all'età adulta.

155 **Sono stati ritrovati molti tipi di uova (e anche di cuccioli), di dinosauri,** tra cui quelle di un piccolo *Oviraptor* originario dell'Asia centrale e quelle di uno dei primi sauropodi, il *Massospondylus,* dall'Africa del Sud.

▼ Questa femmina di *Oviraptor* controlla le uova appena deposte nel nido. Si presume fossero lunghe tra i 14 e i 18 cm.

156 **Dinosauri diversi deponevano uova di forme e dimensioni diverse.** Quelle degli enormi sauropodi, come il *Brachiosaurus*, erano forse di forma arrotondata e della dimensione di palloni da basket. Le uova dei grandi carnivori, tipo il *Tyrannosaurus*, avevano più una forma a salsiccia, lunghe 40 centimetri e larghe 15.

157 **Alcuni dinosauri preparavano il nido per deporvi le uova.** L'*Oviraptor*, che visse oltre 75 milioni di anni fa in quello che è oggi il deserto del Gobi (Asia), probabilmente scavava grosse buche nel terreno del diametro di un metro circa, e qui deponeva 15-20 uova in un'ordinata forma a spirale.

▲ Le uova mai schiuse conservatesi nel tempo (a sinistra, un vero fossile), mostrano i minuscoli dinosauri all'interno. A destra, la riproduzione di un artista.

158 **Le uova di dinosauro si schiudevano probabilmente dopo poche settimane o mesi, a seconda della temperatura esterna.** I gusci erano coriacei e flessibili, come molti gusci dei rettili moderni, e non fragili o duri come quelli delle uova dei nostri uccelli.

▶ 75 milioni di anni fa, in Asia orientale, il *Protoceratops*, delle dimensioni di un maiale, si prepara a difendere il nido e le uova da un *Velociraptor* affamato.

159 **Dai fossili si capisce quanto i dinosauri neonati somigliassero ai loro genitori.** Solo il collare osseo di un cucciolo di *Protoceratops* non era grande, paragonato al resto del corpo, quanto quello di un adulto. Durante lo sviluppo, le dimensioni del collare crescevano più velocemente, quindi mutavano le sue proporzioni. Anche in altri dinosauri le proporzioni del corpo cambiavano crescendo.

160 **Reperti fossili recenti mostrano come alcuni dinosauri badassero ai loro cuccioli proprio come fa oggi qualche rettile, per esempio il coccodrillo.** In uno dei ritrovamenti, un *Protoceratops* adulto si è conservato accanto ai suoi piccoli, di forse nemmeno un anno. Erano lunghi appena 10-15 centimetri.

Baby dinosauri

161 Forse alcuni genitori di dinosauri nutrivano i loro piccoli. Tra i fossili della *Maiasaura*, si trovano nidi, uova e piccoli appena schiusi. I neonati non erano in grado di muoversi subito, perché non avevano zampe abbastanza forti, eppure i loro minuscoli denti mostrano lievi graffi e altri segni derivanti dal fatto che mangiavano cibo solido. È probabile che il genitore portasse loro nel nido foglie e bacche.

▲ La *Maiasaura* era un dinosauro erbivoro lungo 9 metri del gruppo degli adrosauri. Appena nato, un cucciolo misurava appena 40 centimetri, ma nel giro di un anno arrivava anche a 150.

▼ Nel 1978 furono ritrovati in Montana (Stati Uniti) oltre 200 fossili di nidi di *Maiasaura* con uova, neonati, piccoli e adulti risalenti a circa 75 milioni di anni fa. Il sito è oggi chiamato, non a caso, "Egg Mountain", che significa "montagna di uova".

162 I nidi della *Maiasaura* erano tumuli nel fango del diametro di circa 2 metri contenenti 30–40 tra uova e neonati. Alcuni fossili mostrano uova non ancora schiuse ma rotte in più punti, forse schiacciate dagli altri piccoli appena sbucati dai loro gusci.

163 **I cuccioli dei dinosauri crescevano a una velocità anche cinque volte superiore rispetto a quella dei piccoli umani.** Un sauropode come il *Diplodocus* appena nato era già lungo un metro e pesava 8 chilogrammi!

164 **Alcuni dinosauri potrebbero persino essersi presi cura dei loro piccoli dopo che questi avevano lasciato il nido.** Lo *Psittacosaurus* era un erbivoro di 2 metri vissuto dai 130 ai 100 milioni di anni fa in Asia orientale. Alcuni fossili emersi in Cina mostrano un adulto con circa 34 cuccioli. Li stava probabilmente accudendo, quando furono colti dalla morte tutti insieme, forse a causa del crollo della galleria in cui erano rifugiati.

▼ Alcuni fossili di *Psittacosaurus* rinvenuti nel 2003 indicano che è probabile che un adulto si prendesse cura di più di 30 piccoli.

La fine dei dinosauri

165 L'età dei dinosauri si concluse di punto in bianco circa 65 milioni di anni fa. I fossili conservati nelle rocce indicano grandi cambiamenti in questo periodo, anche se altri animali come pesci, insetti, uccelli e mammiferi continuarono a vivere. Cosa spazzò via la specie di animali più grandi, più longeva di sempre?
Ci sono varie teorie. Potrebbe essersi trattato di una catastrofe, o forse della combinazione di più catastrofi...

166 **La catastrofe potrebbe essere stato causata da un asteroide** dallo Spazio che entrò in collisione con la Terra. L'impatto sollevò enormi nuvole di acqua, cenere e polvere che oscurarono il Sole per molti anni. La piante smisero di crescere, e così un gran numero di dinosauri erbivori si estinse. Venendo a mancare il cibo dato dagli erbivori, anche i carnivori si estinsero.

167 **Oppure molti vulcani eruttarono nello stesso momento, forse a causa dell'impatto con il meteorite,** emettendo rocce roventi, cenere, polvere e gas tossici. Gli animali potrebbero essere morti soffocati nel buio nel giro di pochi giorni.

▼ Alcuni studi hanno dimostrato che 65,5 milioni di anni fa un asteroide del diametro di 10–14 chilometri si schiantò sulla Terra nei pressi dell'attuale Yucatan, in Messico.

168 **Il disastro potrebbe avere portato con sé una grave epidemia virale o batterica,** che forse si diffuse gradualmente tra alcuni tipi di animali uccidendoli.

SUPERCOLLISIONE!

Che cosa ti serve

una ciotola di plastica • farina
alcuni sassi grossi • una lampada da tavolo

Versa la farina nella ciotola e immagina che sia la superficie terrestre. Posiziona la lampada in modo che illumini la parte superiore della ciotola. La luce è il Sole, il sasso è il meteorite dallo spazio. Lascia cadere il sasso nella ciotola e osserva la farina fluttuare nell'aria come nebbia, oscurando il "Sole". Lo schianto di un vero meteorite potrebbe essere stato l'inizio della fine dei grandi dinosauri.

169 **Forse fu un'invasione di animali a portare via le uova dei dinosauri.** Piccoli mammiferi simili a toporagni potrebbero aver mangiato le uova di notte, mentre i dinosauri dormivano.

E poi, cosa accadde?

170 Assieme ai dinosauri si estinsero altri animali, per esempio gli pterosauri e i rettili marini come i mosasauri e i plesiosauri, oltre a molte piante. Si parla di estinzione quando muore un gruppo completo di organismi viventi. Se invece scompaiono contemporaneamente più gruppi, si definisce "estinzione di massa".

172 Nonostante molti tipi di animali e piante si siano estinti 65 milioni di anni fa, altri gruppi di animali sopravvissero... ed esistono tuttora! Per esempio granchi, crostacei, insetti, vermi, pesci, rane e mammiferi.

171 Anche vari gruppi di rettili sopravvissero all'estinzione di massa, compresi coccodrilli, alligatori, tartarughe e testuggini, lucertole e serpenti. Il motivo per cui alcuni sono scomparsi a causa della catastrofe e altri no è uno dei grandi enigmi cui gli scienziati cercano ancora di dare risposta.

Legenda

1 *Coryphodon* (mammifero brucatore)
2 *Gastornis* (uccello inabile al volo)
3 *Eobasileus* (mammifero brucatore)
4 *Branisella* (scimmia primitiva)
5 *Tremacebus* (scimmia primitiva)
6 *Paraceratherium* (mammifero brucatore)
7 *Arsinoitherium* (mammifero brucatore)
8 *Hyracotherium* (il più antico cavallo)
9 *Andrewsarchus* (mammifero carnivoro)
10 *Eobasileus* (mammifero brucatore)
11 *Plesiadapis* (antico primate)
12 *Ptilodus* (mammifero simile allo scoiattolo)
13 *Chriacus* (mammifero simile al procione)

173 **Dopo l'estinzione di massa, fu un altro gruppo di animali a prendere il sopravvento:** i mammiferi. Al tempo dei dinosauri erano di piccola taglia e si muovevano furtivi, uscendo solo di notte. Ora invece potevano adattarsi, o evolversi, in creature più grandi. Nel corso di pochi milioni di anni si svilupparono in un'ampia gamma di tipi diversi, da erbivori pacifici a predatori grossi e feroci.

▼ L'estinzione di massa di 65 milioni di anni fa coinvolse i grandi dinosauri e molti altri tipi di animali e di piante, tuttavia un gran numero di animali riuscì a sopravvivere, soprattutto i mammiferi.

IL T REX

174 **Tutti (o quasi) hanno sentito parlare del *Tyrannosaurus rex*.** Non era forse il più grande dinosauro di tutti i tempi? Il carnivoro gigante dalla bocca tanto grande da riuscire a inghiottire un'intera automobile, e dai denti lunghi quanto delle spade? La verità è che neanche una di queste affermazioni è vera!

Il *T rex* è certamente diventato uno degli animali più famosi del mondo, e malgrado si sia estinto da oltre 65 milioni di anni, continua a "vivere" in film, giocattoli e videogiochi, sotto forma di riproduzioni e opere d'arte, e anche in brani musicali e canzoni. Il *T rex* è però, di fatto, il protagonista di molte false credenze.

▶ Una scena del film *King Kong*, del 2005. Con il suo potente ruggito il *Tyrannosaurus rex* rivela le enormi fauci e i denti aguzzi, pronto ad attaccare. Immagini come questa ci sono ormai diventate familiari, ma saranno verosimili? Per esempio, come facciamo a sapere quanto fosse forte il suo ruggito?

Il terrore di un'era

▲ Gli ultimi dinosauri del Cretaceo superiore spaziavano dai predatori piccoli e veloci come l'*Avimimus* al *Triceratops*, il gigante erbivoro dotato di tre corni, dall'*Edmontonia* agli adrosauri, o ai dinosauri "becchi d'anatra" con strane creste sulla testa. E, naturalmente, al *T rex*.

LEGENDA
1 *Tyrannosaurus rex*
2 *Triceratops*
3 *Stegoceras*
4 *Edmontonia*
5 *Parasaurolophus*
6 *Lambeosaurus*
7 *Avimimus*
8 *Corythosaurus*
9 *Struthiomimus*
10 *Albertosaurus*
11 *Therizinosaurus*
12 *Euoplocephalus*

175 **Il nome completo è *Tyrannosaurus rex*, che significa "re delle lucertole tiranno".** In realtà non era neanche una lucertola, ma un enorme carnivoro del gruppo dei rettili classificati come dinosauri.

176 **I dinosauri vissero in un'era chiamata Mesozoico (252–66 milioni di anni fa).** I primi comparvero attorno ai 230 milioni di anni fa, ma si estinsero tutti circa 65 milioni di anni fa.

177 **È risaputo che furono centinaia i tipi di dinosauri che vissero sul pianeta.** Il *Plateosaurus*, diffuso 215 milioni di anni fa, si cibava di piante. Il *Brachiosaurus*, un erbivoro gigante, visse circa 150 milioni di anni fa. Il *Deinonychus*, feroce predatore della taglia di un uomo, risale a 110 milioni di anni fa.

QUIZ

Quali di questi animali estinti erano dinosauri?

Tirannosauro
Mammut lanoso
Archaeopteryx
Triceratops
Plateosaurus
Ammoniti

Risposte
Tyrannosaurus rex, *Triceratops*, *Plateosaurus*

178 **Il *T rex* fece la sua comparsa molto dopo questi dinosauri.** Visse nell'ultima parte del Mesozoico, un periodo conosciuto come Cretaceo (145-66 milioni di anni fa), tra i 68 e i 66 milioni di anni fa. Fu quindi uno tra gli ultimi dinosauri.

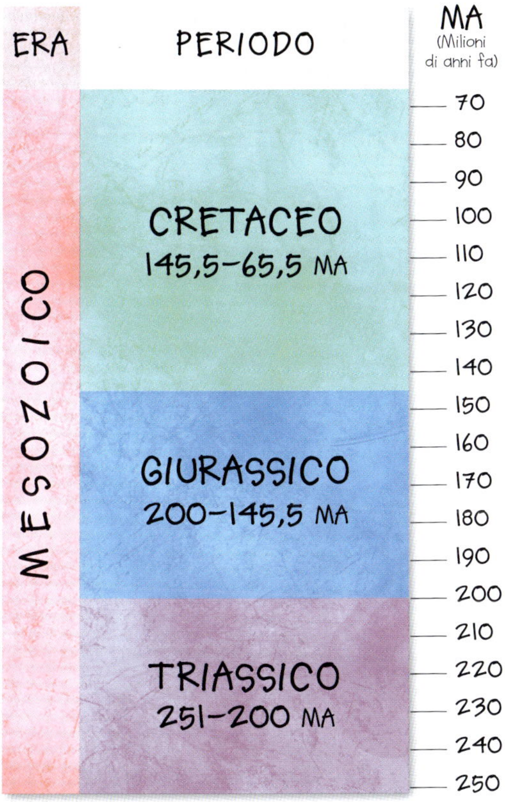

Giurassico: L'*Allosaurus* era un grande dinosauro carnivoro

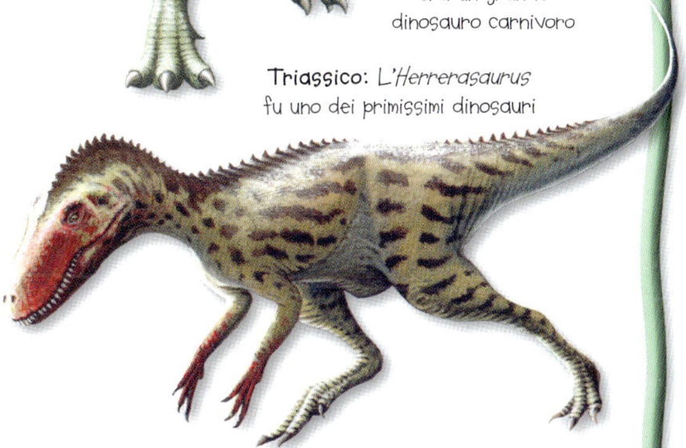

Triassico: L'*Herrerasaurus* fu uno dei primissimi dinosauri

◀ I dinosauri dominarono la terraferma per 185 milioni di anni, più a lungo di qualsiasi altro gruppo di animali.

Un predatore gigante

Brachiosaurus
Altezza: 13 metri
Lunghezza naso-coda: 25 metri
Peso: oltre 40 tonnellate

179 **Si tende a esagerarne le dimensioni quando si parla di animali grossi e feroci quali il grande squalo bianco o le tigri.** Anche il *T rex* lo immaginiamo più grande di quanto fosse.

180 **Un *T rex* poteva superare i 12 metri di lunghezza e i 3 metri di altezza al garrese.** Riusciva ad alzarsi sulle zampe posteriori e sollevare la testa a più di 5 metri dal suolo.

181 **Il *Tyrannosaurus rex* non era così grande, specie se paragonato ad alcuni erbivori...** Pesava circa come un elefante africano, che è la metà dell'estinto mammut imperiale, più o meno un decimo dei più grandi dinosauri erbivori.

▼ Il *T rex* era certamente grande, ma comunque più piccolo degli animali in questa pagina.

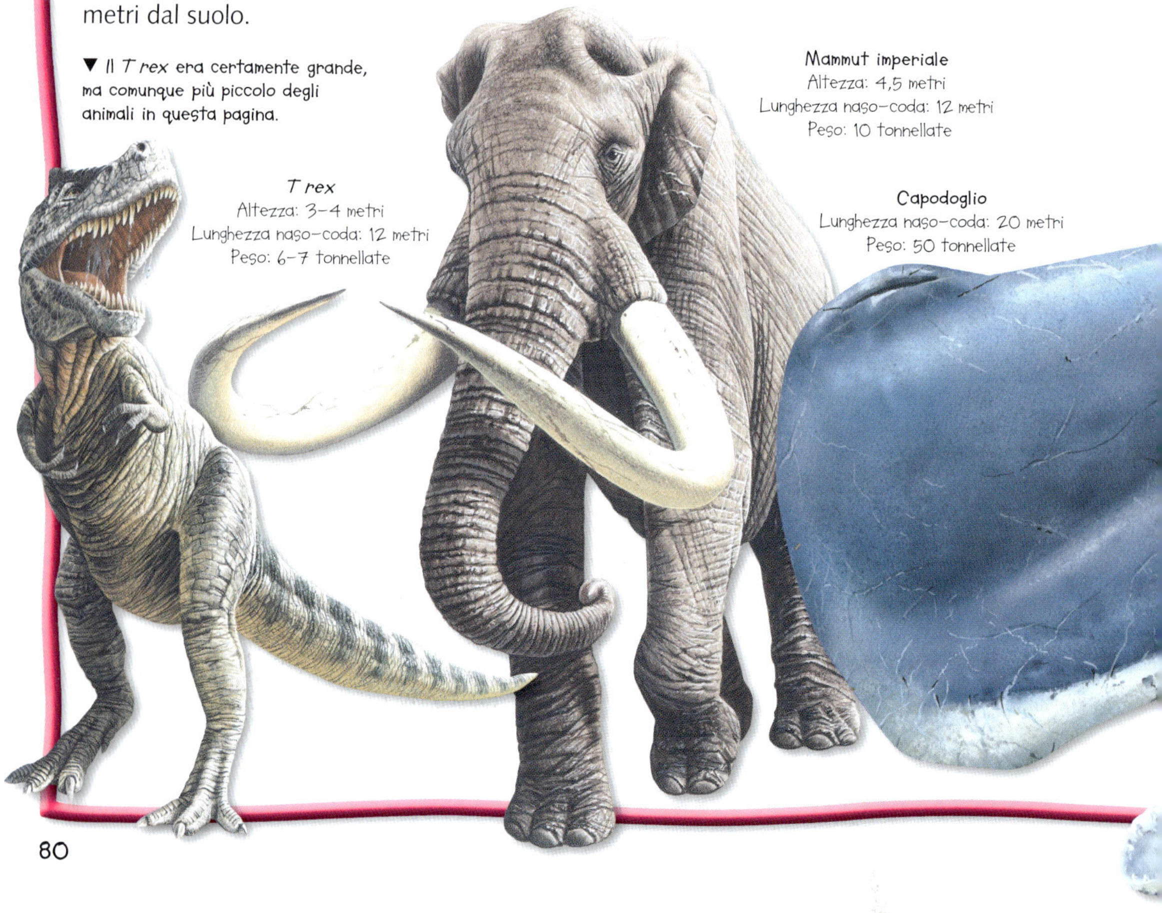

T rex
Altezza: 3–4 metri
Lunghezza naso-coda: 12 metri
Peso: 6–7 tonnellate

Mammut imperiale
Altezza: 4,5 metri
Lunghezza naso-coda: 12 metri
Peso: 10 tonnellate

Capodoglio
Lunghezza naso-coda: 20 metri
Peso: 50 tonnellate

182 **Paragonato invece al più grande carnivoro terrestre di oggi, il *T rex* era enorme!** Gli orsi polari e i grizzly, alti anche 3 metri e pesanti 600 chilogrammi, sono i carnivori più grandi del pianeta. Un peso che è comunque solo un decimo di quello di un *T rex*.

183 **Rispetto ad altri carnivori estinti, il *T rex* era decisamente più imponente.** L'*Andrewsarchus*, che aveva le fattezze di un lupo e visse 40 milioni di anni fa, era uno dei mammiferi terrestri carnivori più massicci. Alto 2 metri e lungo 4 dal naso alla coda, superava la tonnellata.

184 **Il *rex* a volte viene chiamato "il più grande predatore di tutti i tempi",** ma era un decimo del capodoglio che popola oggi i nostri oceani e caccia calamari giganti. Era perfino più piccolo dei predatori oceanici preistorici come i pliosauri *Liopleurodon* e *Kronosaurus* (11 tonnellate o più) e l'ittiosauro *Shonisaurus* (oltre 22 tonnellate).

PREDATORI A CONFRONTO

Cosa ti serve

penne • un grosso foglio di carta • libri di animali

Cerca sui libri o su internet qualche immagine di un *T rex*, di un capodoglio, di un'orca e di un *Andrewsarchus* visti di lato. Disegnali su un foglio di carta e mettili a confronto.

Capodoglio: lungo quanto il pezzo di carta;
T rex: dal naso alla coda, è due terzi rispetto al capodoglio;
Orca: è la metà del capodoglio;
Andrewsarchus: è un quinto del capodoglio.

Profilo di un *T rex*

185 Gli esperti di fossili sanno ricostruire un animale estinto come quando era ancora in vita deducendone dimensioni, forma, lunghezza, larghezza e altre informazioni attraverso i fossili di ossa, denti, artigli e altre parti del corpo.

186 La coda del *T rex* era quasi la metà della lunghezza complessiva del dinosauro. Era larga e muscolosa alla base, e forte e possente fin quasi alla punta, molto diversa dalle code a frusta lunghe e sottili di altri dinosauri quali, per esempio, il *Diplodocus*.

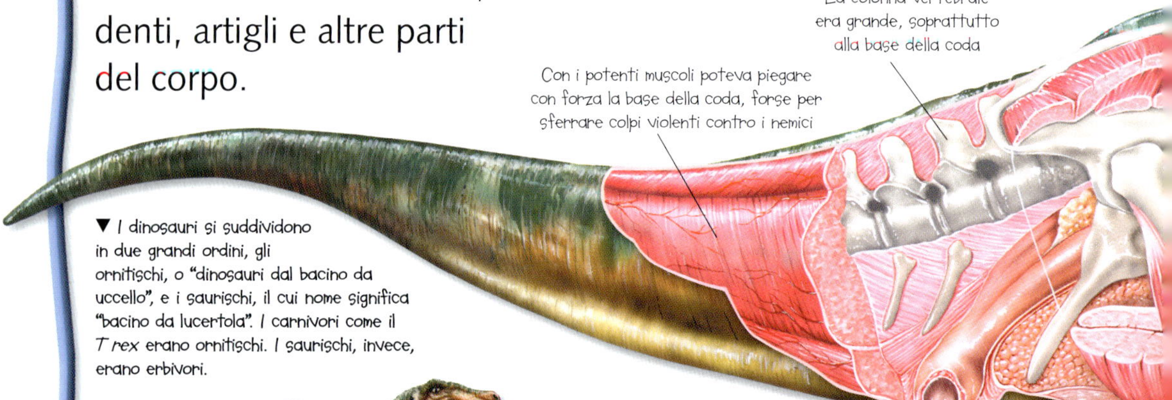

▼ I dinosauri si suddividono in due grandi ordini, gli ornitischi, o "dinosauri dal bacino da uccello", e i saurischi, il cui nome significa "bacino da lucertola". I carnivori come il *T rex* erano ornitischi. I saurischi, invece, erano erbivori.

Nei dinosauri "bacino da lucertola", le ossa pelviche erano puntate in avanti e verso il basso

Nei dinosauri ornitischi, o "dinosauri dal bacino da uccello", le ossa pelviche inferiori erano sporgenti all'indietro (verso al coda) e verso il basso

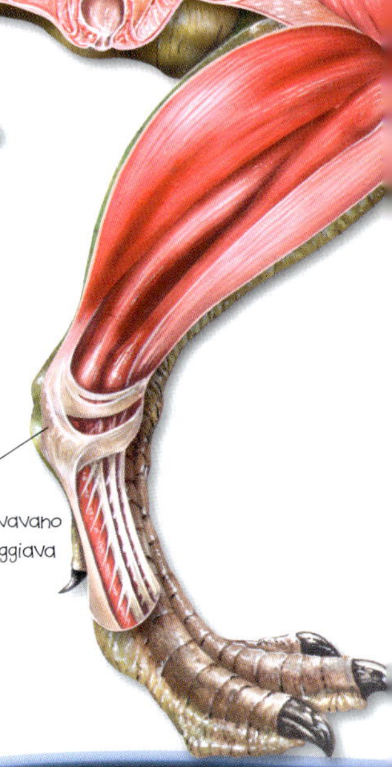

NON CI CREDO!

La coda del *Tyrannosaurus rex* sporgeva, era rigida e non particolarmente flessibile. Ecco perché il suo gruppo di dinosauri è detto dei "tetanuri", che significa, appunto, "code rigide".

187 Le ossa fossili del *T rex* fanno capire quanto fosse grosso, massiccio e potente questo dinosauro. Aveva un cranio enorme, ed enormi erano anche testa e bocca. Nel cranio vi erano le orbite per i globi oculari e cavità per orecchie e narici. C'erano inoltre minuscoli fori nelle ossa per i vasi sanguigni e i nervi.

▼ Questo *T rex* visto in sezione mostra chiaramente le spesse e forti ossa del suo scheletro, che sono state rinvenute in ottimo stato in molti e diversi resti fossili.

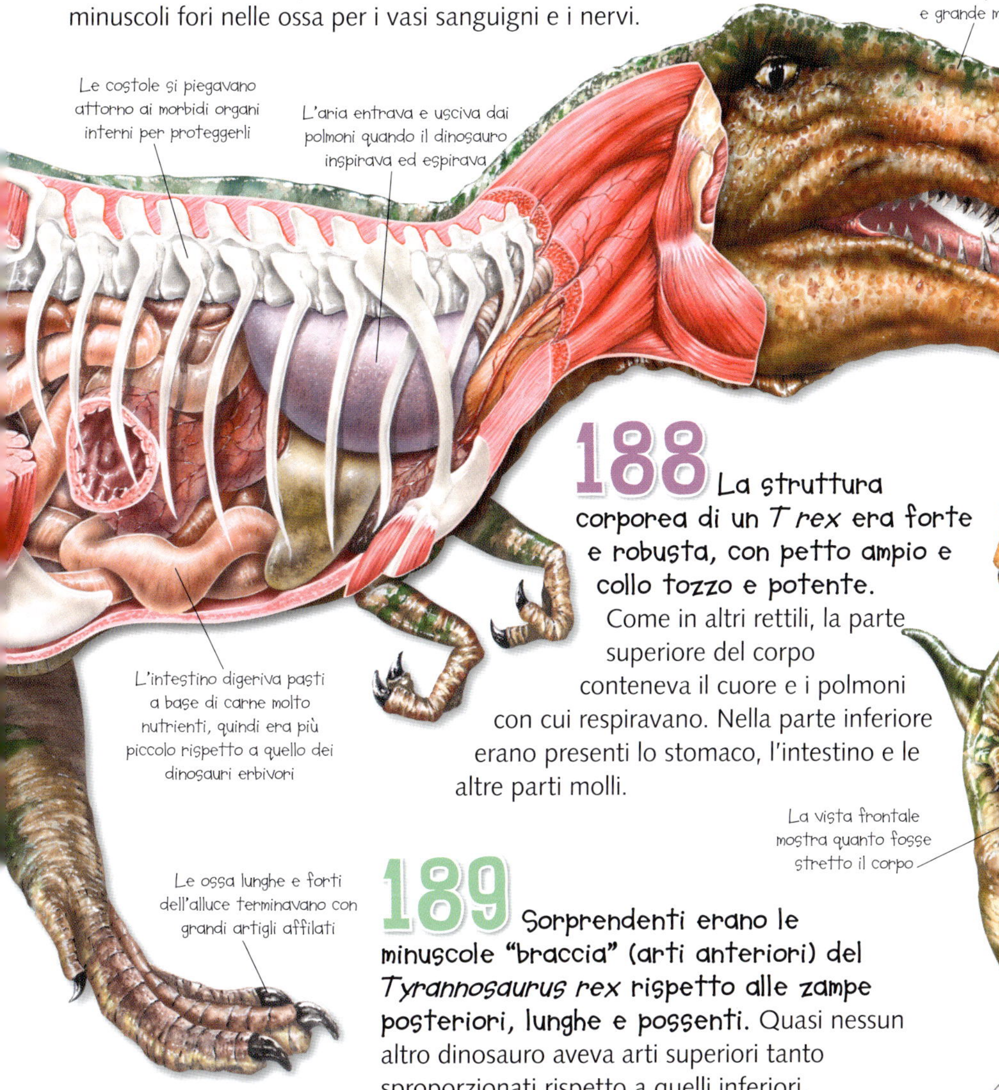

188 La struttura corporea di un *T rex* era forte e robusta, con petto ampio e collo tozzo e potente. Come in altri rettili, la parte superiore del corpo conteneva il cuore e i polmoni con cui respiravano. Nella parte inferiore erano presenti lo stomaco, l'intestino e le altre parti molli.

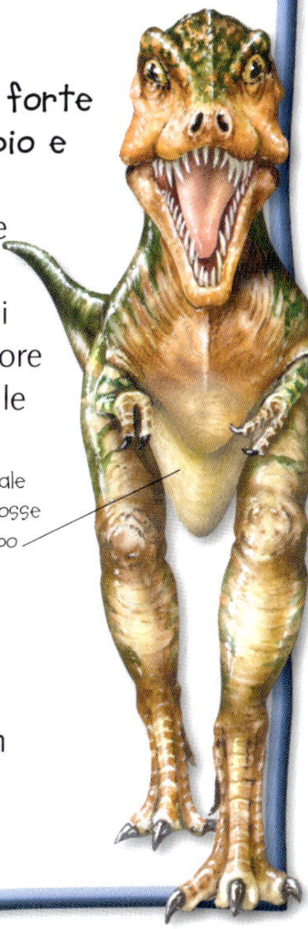

189 Sorprendenti erano le minuscole "braccia" (arti anteriori) del *Tyrannosaurus rex* rispetto alle zampe posteriori, lunghe e possenti. Quasi nessun altro dinosauro aveva arti superiori tanto sproporzionati rispetto a quelli inferiori.

Era intelligente il *T rex*?

▼ Molti dinosauri avevano gli occhi ai lati del testa, quindi una ottima visione a tutto campo, ma non dettagliata vista frontale. Il *T rex*, invece, aveva occhi rivolti in avanti, dunque visuale frontale.

Vista da occhi rivolti in avanti

Vista da occhi rivolti di lato

► Il *T rex* probabilmente leccava e assaggiava la carne con la sua lingua lunga prima di iniziare a mangiare.

190 **Il cranio del *T rex* è noto grazie al ritrovamento di fossili ben conservati,** in cui risulta evidente che i grandi occhi avevano un'angolazione tale da dargli una visione binoculare frontale più che laterale: vedeva ciò che aveva davanti, e con i due occhi riusciva a giudicarne la distanza esatta.

191 **Per quel che ne sappiamo, i dinosauri erano privi dei padiglioni auricolari, come gli altri rettili.** Sentivano però grazie alla sottile membrana timpanica ai lati della testa.

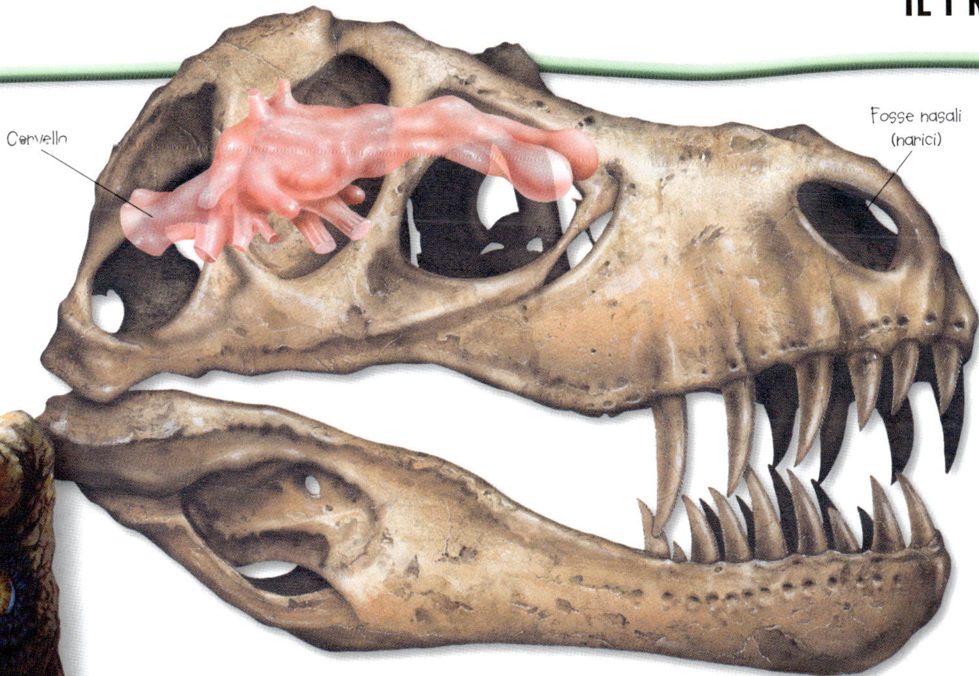

▲ La scatola cranica del *T rex* era piccola rispetto alla dimensione dell'intero cranio. I nervi collegavano il cervello agli occhi, al naso, alle orecchie e ad altre parti del corpo.

192 Le grandi narici del *T rex* erano posizionate sulla parte alta del muso. Sfociavano in una cavità piuttosto grande all'interno del cranio che rilevava gli odori presenti nell'aria. L'olfatto del T rex era eccellente, proprio come la vista.

NON CI CREDO!

I bulbi oculari del *T rex* avevano un diametro di anche 8 centimetri... ma quelli dei calamari giganti che popolano oggi i nostri mari arrivano a quasi 30!

193 Alcuni fossili mostrano le dimensioni e la forma del cervello di un *T rex*! Il cervello era contenuto nella parte posteriore superiore del cranio, e in teschi ben conservati si riesce a vedere bene. La cavità all'interno fa inoltre capire la forma del cervello.

194 Il *Tyrannosaurus rex* aveva un cervello più grande di quasi tutti gli altri dinosauri. I lobi olfattivi, quelli dei sensi dell'odorato, erano particolarmente grandi. Il *T rex* aveva dunque vista, udito e soprattutto olfatto molto sviluppati... ed era anche intelligente.

Che denti grandi!

195 **I denti, molto duri, formano di solito buoni fossili.** I denti, le mascelle e i teschi conservati di un *T rex* ci dicono molto delle sue abitudini alimentari.

196 **Il cranio di un *T rex* adulto era lungo anche 1,5 metri, praticamente le dimensioni di una vasca da bagno.** Come quelli di altri dinosauri e rettili, era composto da più di 20 ossa saldamente unite insieme.

197 **Un *T rex* aveva tra i 50 e i 60 denti di diverse forme e dimensioni**. Lunghi sui 30 centimetri, una parte comprendeva la radice fissata nella gengiva. I denti erano più grandi nell'arcata superiore che in quella inferiore, e nella parte anteriore della bocca erano leggermente più piccoli e taglienti. I denti posteriori, non altrettanto affilati, sono stati definiti da qualcuno "grandi banane mortali".

▼ Buona parte della zona ruvida di ciascun dente del *T rex* era fissata nell'osso mascellare. Era esposto quindi il solo pezzo liscio.

198 **Al *T rex* i denti ricrescevano ininterrottamente, sostituendo quelli che si consumavano o rompevano,** cosa che succedeva in più punti della bocca e in momenti diversi. Un *T rex* poteva quindi avere alcuni denti grandi più vecchi e altri più piccoli e recenti.

199 **Le articolazioni della mascella del *Tyrannosaurus rex* si trovavano nella parte posteriore del cranio.** Ciò gli consentiva di spalancare le fauci per grandi bocconi o per strappare via a morsi un grosso pezzo di un'enorme preda.

◀ Con i denti anteriori il *T rex* penetrava nella carne della preda e la teneva stretta, mentre con quelli laterali ne strappava via dei pezzi. I denti posteriori gli servivano per schiacciare le ossa e masticare la carne.

▶ Grazie agli enormi denti e ai muscoli della mascella, il *T rex* aveva un morso più forte degli animali che popolano oggi la Terra, come per esempio quelli presentati qui di fianco.

200 **Con vari esperimenti e calcoli, gli scienziati hanno messo a confronto la forza del morso del *T rex* con quello di alcuni esseri viventi odierni.** In unità di misura della forza, di solito vince il *T rex!*

T rex 3100 (stimato)
Alligatore 2200
Iena 1050
Tartaruga azzannatrice 1000
Leone 950
Grande squalo bianco 650
Lupo 400
Ara giacinto 355
Labrador 150
Essere umano 120

Minibraccia, maxizampe

201 **La caratteristica più particolare del *T rex* erano le sue minuscole braccia,** simili per dimensioni a quelle di un essere umano adulto, ma lui era 50 volte più grande! Non erano comunque deboli, anzi: erano dotate di potenti muscoli e di due forti dita artigliate.

▶ Le braccia erano così piccole che il *T rex* non era nemmeno in grado di portarsi il cibo alla bocca.

202 **Qual era la funzione delle mini braccia del *Tyrannosaurus rex*?** Le teorie sono molteplici. Alcuni ritengono gli servissero per trattenere saldamente una preda, per tirarsi su da terra quando cadeva, o per tenere la compagna durante l'accoppiamento. Forse non sapremo mai la verità...

▶ *I piedi degli uccelli, per esempio dello struzzo, erano paragonabili a quelli dei T rex e di altri dinosauri simili per il loro particolare modo di camminare praticamente sulla punta.*

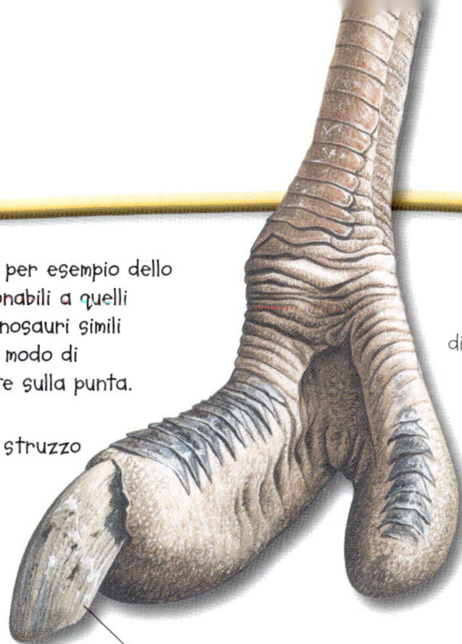

Piede di struzzo

Grande artiglio ricurvo sulla punta dell'osso dell'alluce

Le lunghe ossa del piede si sollevavano verso l'alto. Solo le dita poggiavano a terra

Piede del *T rex*

203

Gli arti inferiori del *T rex* terminavano con tre grandi dita dotate di artigli grossi e forti. Questo tipo di piede era caratteristico del gruppo dei dinosauri teropodi di cui faceva parte il *Tyrannosaurus rex*. La forma ricordava quella degli uccelli, ma era molto più grande.

204

I piedi di un *T rex* erano lunghi più o meno un metro. Le sue impronte, tuttavia, erano grandi forse la metà: il *Tyrannosaurus rex* era infatti ditigrado, camminava, cioè, solo sulla punta.

▲ Mentre correva, il *T rex* teneva probabilmente testa, collo, corpo e coda in una linea quasi orizzontale, praticamente parallela al suolo.

205

Le grandi e pesanti zampe posteriori del *T rex* fanno capire che quando camminava o correva faceva passi... da gigante! Le tre parti in cui erano articolate le zampe, cioè femore, tibia e piede, avevano tutte più o meno la stessa lunghezza.

206

Le impronte fossili sono orme fissate nel fango, o nella sabbia, che offrono indizi su come si muoveva un animale. Ne sono state reperite alcune che potrebbero appartenere a un *Tyrannosaurus rex* o a un dinosauro simile. Ci sono utili per capire a che andatura camminasse o corresse.

Cosa mangiava il *T rex*?

207 **Il *Tyrannosaurus rex* era un enorme predatore che mangiava grosse prede.** Altri grandi dinosauri vissuti negli stessi periodi e luoghi erano gli erbivori. Includevano il *Triceratops* ("faccia con tre corna") con suoi cugini, e vari dinosauri "a becco d'anatra" (adrosauri) come il *Parasaurolophus* e l'*Edmontosaurus*.

▼ Lo pterosauro (rettile volante) gigante *Quetzalcoatlus* si pensa sia vissuto più o meno contemporaneamente al *T rex*. Forse beccava i resti di una preda uccisa da un *T rex* dopo che questi aveva finito di banchettare.

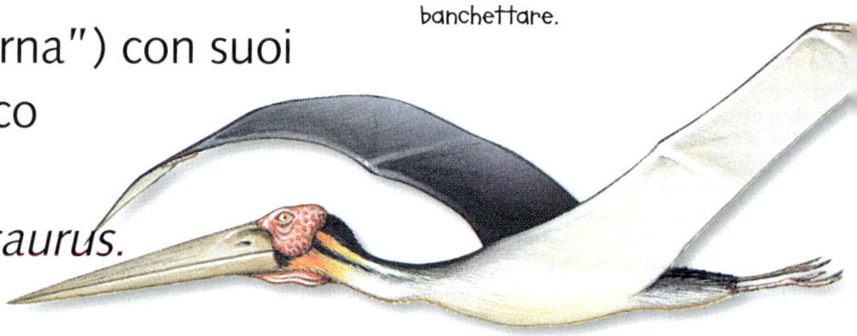

208 **Un *T rex* poteva usare la sua enorme bocca, i denti forti e i potenti muscoli della mascella per attaccare i grandi erbivori.** Probabilmente si avventava sulla vittima mordendola con forza, fino a provocare una profonda ferita. A quel punto, forse, si ritirava (non lontano), in attesa che la preda si indebolisse prima di riavvicinarsi e cibarsene.

◀ Affrontare un *Triceratops* adulto costituiva una dura sfida per un *T rex*. Sarebbe stato più facile ucciderne uno giovane, malato o vecchio.

▶ Si pensa che l'adrosauro *Parasaurolophus* producesse, attraverso la cresta ossea cava della testa, suoni simili a quelli di una tromba per avvertire i compagni della vicinanza di un *T rex*.

209 **Un fossile di *Triceratops* presentava alcuni segni profondi, come graffi, sul collare osseo.** Gli furono forse inferti dai denti di un *T rex*. La distanza tra i graffi, infatti, corrisponde a quella tra i denti del carnivoro.

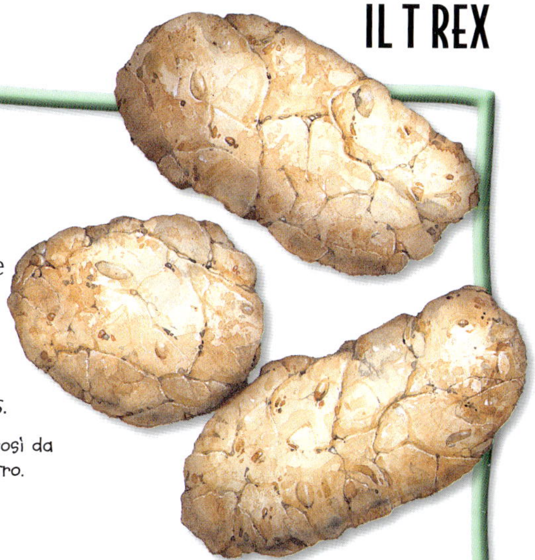

210 **I coproliti sono parti di escrementi di animali che si sono conservati e fossilizzati nella pietra dura.** Ne sono stati ritrovati diversi anche di grandi dimensioni che potrebbero appartenere a un *Tyrannosaurus rex*. Al suo interno vi erano, alla rinfusa, parecchi frammenti di ossa delle sue vittime, tra cui di giovani di *Edmontosaurus* e *Triceratops*.

▶ I coproliti possono essere spezzati o segati in due, così da analizzare quanto contengono: pezzi di ossa, denti e altro.

211 **Un coprolite rinvenuto nel 1995 nel Saskatchewan, una provincia del Canada, fu quasi certamente prodotto da un *T rex*.** Lungo 42 centimetri, era largo 15 centimetri e alto 12!

212 **Diversi scheletri fossili di alcuni dinosauri sono stati trovati conservati insieme, il che dimostrerebbe che vivevano in branco.** Si sono rinvenuti pure i reperti di un gruppo di *T rex*. Potrebbe significare che si trattasse di una famiglia, o di un branco, a caccia. Alcuni esperti ritengono ci sia bisogno di qualche prova in più per confermare una simile ipotesi.

▶ Dinosauri corazzati come l'*Euoplocephalus* probabilmente si difendevano dai *T rex* colpendoli con le loro pesanti mazze caudali.

Cacciatore o spazzino?

213 **Il *T rex* era un cacciatore attivo che seguiva le sue prede?** Si appostava per poi assalirle a sorpresa? Era uno spazzino che si nutriva di dinosauri morti o morenti? O magari pedinava altri dinosauri rubando le loro prede?

214 **Per inseguire le sue prede, il *T rex* doveva essere in grado di correre veloce.** Gli scienziati hanno provato a capire quale fosse la sua andatura durante la corsa servendosi di modelli e di simulatori, oltre a metterli a confronto con altri animali.

CHI FA COSA?

Fai una ricerca sugli animali di oggi elencati sotto e scopri se sono veloci predatori, tendono imboscate, o sono spazzini.

Tigre Ghepardo Iena
Coccodrillo Avvoltoio
Licaone

▶ Forse il *T rex* abbatteva dinosauri più piccoli come questi cuccioli di *Prenocephale* sbucando tutto d'un tratto dal suo nascondiglio in un folto d'alberi.

▲ Se si nutriva di carcasse, forse fiutava se un dinosauro fosse morto per malattia o perché ferito.

▲ Durante la caccia, il *T rex* correva il rischio di rimanere ferito, per esempio dai corni di un *Triceratops*.

215 **Alcuni pensano che il *T rex* raggiungesse in corsa i 50 chilometri all'ora, altri ritengono che non superasse i 15...** È opinione comune che l'andatura si aggirasse tra i 20 e i 30 chilometri all'ora, un po' più lento, quindi, di un velocista umano, ma più veloce delle comuni prede del *T rex*, come per esempio il *Triceratops.*

216 **Vari fossili di *T rex* mostrano lesioni su stinchi, costole, collo e mascelle,** forse inferte dalle vittime che reagivano. Questo supporterebbe la teoria che il *T rex* cacciasse prede vive.

▶ Il *T rex* strappava via la carne da grandi prede e faceva grossi bocconi che deglutiva interi.

217 **Prova del fatto che il *T rex* fosse uno spazzino potrebbe invece essere l'olfatto molto sviluppato, che fiutava carcasse in putrefazione.** Inoltre, i potenti denti non masticavano più volte il cibo come facciamo noi, ma schiacciavano le ossa al primo morso per arrivare al midollo all'interno. Forse un *T rex* affamato mangiava tutto, ed era quindi sia cacciatore, sia spazzino, sia un predatore che tendeva agguati.

Lo sviluppo

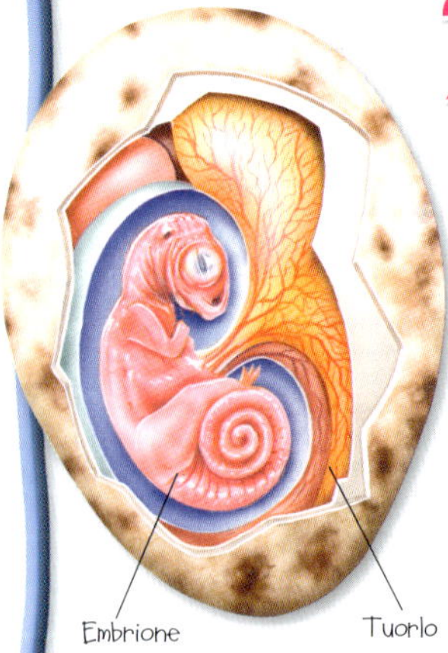

▲ Un embrione di dinosauro si sviluppava nel suo uovo, dove veniva nutrito dal tuorlo.

218 Il *T rex* viveva in branco? Gran parte dei fossili rinvenuti appartengono a individui solitari, ma ce ne sono anche alcuni che sono stati trovati vicino ad altri *T rex*. Forse si sono conservati uno accanto all'altro per caso, o magari si trattava di un gruppo e sono morti tutti insieme.

▶ Il piccolo probabilmente usciva dall'uovo mordendo il guscio che era duro, ma flessibile come cuoio.

219 I nostri rettili depongono uova da cui sgusciano i piccoli, e probabilmente anche il *T rex* nasceva così. È stato ritrovato un gran numero di fossili di uova di dinosauro, ma di nessuno si ha la prova certa che appartenessero a un *T rex*. C'erano dinosauri che deponevano le uova nei nidi e accudivano i cuccioli, ma... appunto, non ci sono fossili simili di un *T rex*.

221 Il *T rex* cresceva piano per circa 12–14 anni e poi, all'improvviso, lo sviluppo accelerava e il dinosauro cresceva di circa 2 chilogrammi al giorno. A 20 anni era perfettamente adulto.

▶ Un giovane *T rex* uccideva forse piccole prede come uccelli, lucertole e dinosauri appena sbucati dall'uovo.

220 I fossili di alcuni *T rex*, diversi per dimensioni ed età, ci rivelano come cresceva questo dinosauro. Alcune ossa fossili sono così ben conservate da avere una sorta di "anelli di crescita", come i tronchi d'albero che indicano la velocità dello sviluppo.

222 È possibile distinguere una femmina da un maschio di *Tyrannosaurus rex* osservandone i fossili? Un tempo alcuni scienziati ritenevano che le femmine fossero più grandi, con ossa più forti e spesse dei maschi. Oggi, però, non sembra più così sicuro.

▶ Oggi molti rettili continuano a crescere anche da adulti. Tuttavia, la velocità di crescita si riduce man mano, quindi diventano più grandi, è vero, ma più lentamente. Non è chiaro se dinosauri come il *T rex* avessero uno sviluppo simile.

223 Il più grande *T rex* mai trovato venne chiamato Sue: morì all'età di circa 28 anni. Non si sa con certezza quanto a lungo vivesse in media un *T rex*. Per rispondere a questa domanda, come ai molti altri dubbi, sarebbe di grande aiuto trovare nuovi fossili.

In quale parte del mondo?

224 **Il *T rex* era uno dei tipi, o specie, di dinosauri che facevano parte del genere *Tyrannosaurus*.** C'erano altre specie all'interno di questo stesso genere?

225 **Cento anni fa furono scoperti fossili cui fu dato il nome di *T rex*. Da allora, i cacciatori di fossili reperirono resti di altri grandi predatori simili.** Ad alcuni furono assegnati nomi propri all'interno del genere *Tyrannosaurus*, ma molti furono poi rinominati *T rex*.

226 **Il *Tarbosaurus* era molto simile al *T rex* anche per l'altezza, e pare sia vissuto più o meno nello stesso periodo.** Tuttavia, i suoi fossili sono stati scoperti in Asia, tra Mongolia e Cina, e non in America del Nord. Alcuni esperti lo considerano un'altra specie di *Tyrannosaurus* e lo chiamano *Tyrannosaurus bataar*. Altri affermano che sia talmente simile al *T rex* che dovrebbe portare lo stesso nome.

227 **In Europa sono stati rinvenuti dei fossili di dinosauri più piccoli, simili al *T rex*.** Tra questi, sull'isola di Wight, nell'Inghilterra meridionale, l'*Eotyrannus*, di oltre 100 milioni di anni fa, che raggiungeva i 6 metri di lunghezza. I fossili dell'*Aviatyrannis*, trovati in Portogallo, sono ancora più antichi, perché pare risalgano al Giurassico.

◀ Il *Tarbosaurus* aveva grandi denti, braccia minuscole e molte altre caratteristiche simili a quelle del *T rex*. È stato chiamato così nel 1955 dal paleontologo russo Evgeny Maleev, esattamente 50 anni dopo che fu dato il nome al *T rex*.

228 Nel 1979, i resti di un grande dinosauro asiatico carnivoro dello stesso genere del *T rex* furono detti appartenere al *Tyrannosaurus luanchuanensis*. Dopo varie discussioni fu avanzato un altro nome, *Jenghizkhan*. Tuttavia, alcuni scienziati ritengono che, come il *Tarbosaurus*, anche lo *Jenghizkhan* sia così simile al *T rex* che dovrebbe portarne il nome.

229 Un teschio fossile trovato nel 1942 fu chiamato *Nanotyrannus*, cioè "piccolo tiranno". Potrebbe essere un tipo di piccolo tirannosauro, o semplicemente un giovane *T rex*.

▼ Molti fossili di *T rex* sono stati ritrovati in strati rocciosi conosciuti come Formazione di Hell Creek, una formazione geologica situata in gran parte nel Montana (Stati Uniti).

▲ Fossili di *T rex* e di alcuni suoi parenti stretti (vedasi la prossima pagina) sono stati rinvenuti più che altro in America del Nord e in Asia centrale e orientale.

Il gruppo dei tirannosauri

230 **Che tipo di dinosauro era il *Tyrannosaurus rex?*** Apparteneva al gruppo dei tirannosauri, della famiglia dei tirannosauridi. Avevano ossa, articolazioni e caratteristiche che differivano da quelle di altri dinosauri predatori. Facevano parte di un gruppo ancora più grande, quello dei tirannosauroidi.

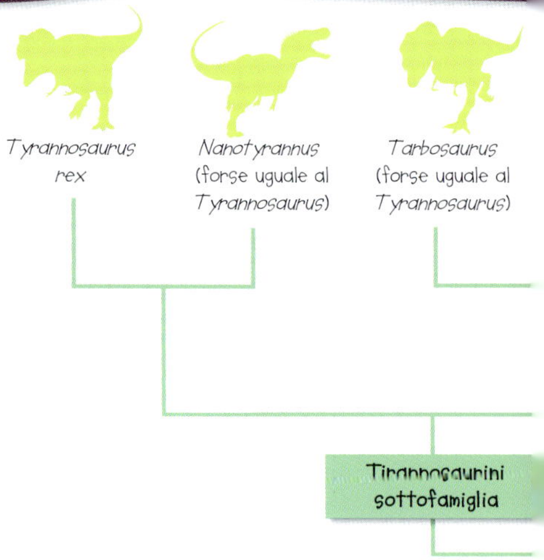

231 **Uno dei primi tirannosauroidi fu il *Guanlong*, nome derivato dalle parole cinesi "corona" e "drago".** I suoi fossili, scoperti in Cina nel 2006, risalgono a circa 160 milioni di anni fa, cioè quasi 100 milioni di anni prima del *Tyrannosaurus rex*. Lungo 3 metri, aveva una bizzarra cresta ossea sul naso che ricordava un corno.

▲ Forse il *Guanlong* esibiva la sottile cresta ossea alle possibili compagne nella stagione degli amori.

▼ Le "piume" del *Dilong* erano come una sorta di pelliccia che probabilmente serviva per mantenerlo al caldo.

232 **Un altro antico cugino del *T rex* era il *Dilong*, il "drago imperatore", proveniente dalla Cina.** I suoi fossili risalgono a 130 milioni di anni fa. Il *Dilong* adulto e completamente cresciuto era lungo circa 2 metri. Aveva tracce di piume, una sorta di peluria, su testa e coda. Come dimostrato in seguito, alcuni esperti ritengono che lo stesso *T rex* potesse avere delle piume.

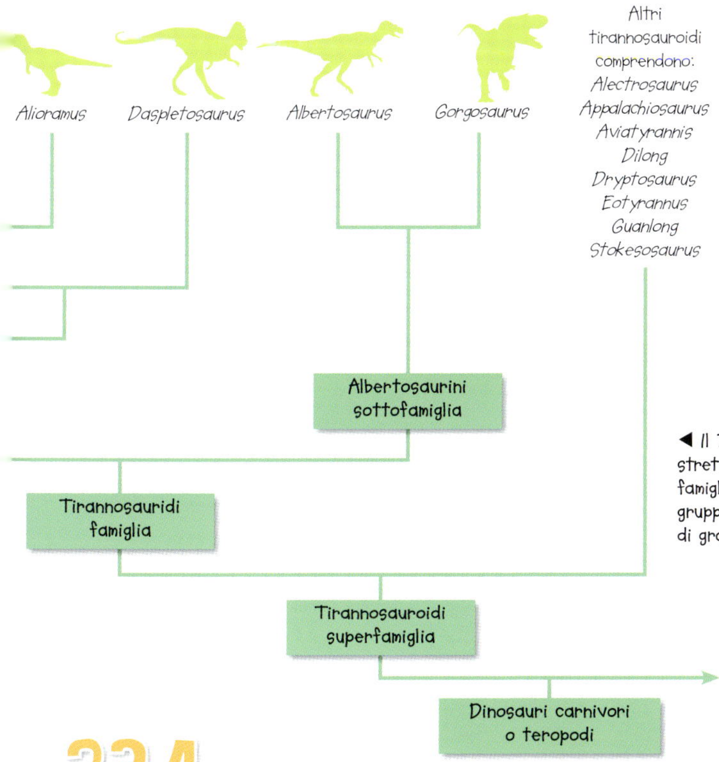

233 **I più grandi carnivori, come il *T rex*, erano dei veri giganti.** Un T rex pesava 2000 volte più del piccolo Compsognathus, che non raggiungeva i 3 chilogrammi.

◀ Il *T rex* formava con i suoi parenti più stretti un gruppo di animali chiamato famiglia, che era a sua volta parte di un gruppo ancora più ampio, o superfamiglia, di grandi carnivori.

▼ Il *Velociraptor* e gli altri rapaci non erano parenti stretti dei tirannosauri, ma membri di un altro gruppo di carnivori, i dromaeosauri.

234 **I tirannosauri non erano i soli dinosauri carnivori.** Vanno menzionati, tra gli altri, l'*Allosaurus*, grande quasi quanto il *T rex* e diffuso pure lui in America del Nord (ma 80 milioni di anni prima), e poi il *Compsognathus*, un piccolo carnivoro di un solo metro di lunghezza, vissuto circa 150 milioni di anni fa. I carnivori di taglia media detti "rapaci" comprendono il *Velociraptor*, di 75 milioni di anni fa, e il *Deinonychus*, di 110 milioni di anni fa. I rapaci potevano avere dimensioni variabili tra i 2 e i 5 metri. Tutti questi carnivori facevano parte del grande gruppo dei teropodi, con arti inferiori simili a quelli degli uccelli.

◀ Il *Compsognathus* cacciava piccole prede come lucertole e insetti.

Parenti stretti

235 **Nel gruppo dei tirannosauri, accanto al *T rex*, c'erano alcuni dei suoi parenti più stretti,** dinosauri grossi e feroci; molti dei quali, vissuti prima del *T rex*, non erano altrettanto grandi.

236 **L'*Albertosaurus* porta il nome di una principessa.** I suoi fossili sono stati trovati nella provincia canadese dell'Alberta, così chiamata in onore di Louise Caroline Alberta, figlia della regina d'Inghilterra Vittoria e del principe Alberto.

▲ È stato ritrovato un gran numero di resti fossili di *Gorgosaurus*, il che ne fa uno dei tirannosauri più conosciuti. Aveva una piccola cresta simile a un corno sopra ciascun occhio.

237 **Fossili di *Gorgosaurus*, ossia "lucertola feroce", vengono per lo più dalla provincia dell'Alberta (Canada) e hanno 75–70 milioni di anni.** Il *Gorgosaurus* somigliava molto all'*Albertosaurus*, anche se era un po' più piccolo, "solo" 8-9 metri. Come tutti i tirannosauri, aveva ossa cave e aperture nel cranio che contribuivano a ridurne il peso. Alcuni esperti lo ritengono una specie di *Albertosaurus* e pensano che gli andrebbe cambiato il nome.

▲ Questa ricostruzione del *T rex* è in linea con le più recenti ipotesi relative alla sua postura, con la coda protesa all'indietro. Il carrello mantiene il cranio all'estremità anteriore delle ossa del collo, più in basso di quanto si pensava inizialmente.

▶ Per molti anni si è pensato che il *T rex* tenesse la testa alta e trascinasse la coda a terra.

249 **Le prime ricostruzioni mostrano il *T rex* eretto in posizione quasi verticale, come un canguro.** Ma dallo studio della forma di ossa e articolazioni, gli studiosi ritengono che tenesse testa e corpo paralleli al terreno, bilanciandosi sulle grandi zampe posteriori con la coda lunga e pesante.

Sue... scopre Sue!

250 Il più grande *Tyrannosaurus rex* trovato finora è stato chiamato "Sue". È inventariato FMNH PR2081 al Field Museum di Chicago (Stati Uniti), il museo di storia naturale dov'è conservato.

251 "Sue" si chiama così in onore di chi lo ha scoperto, Sue Hendrickson, che impegnata nel 1990 in alcuni scavi paleontologici vicino a Faith, una città nel Dakota del Sud, rinvenì più parti di un enorme *T rex* in eccellente stato di conservazione. Un'intera squadra di persone collaborò a scavare e poi a pulire i fossili.

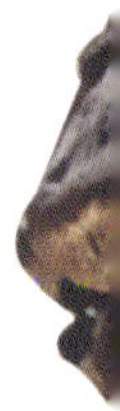

252 Con circa i quattro quinti dei denti, delle ossa e di altre parti preservatesi, "Sue" è sorprendentemente completo per essere il fossile di un animale. Con ogni probabilità, subito dopo la morte questo dinosauro rimase coperto di fango, impedendo che gli spazzini lo smembrassero o ne sparpagliassero le ossa.

253 "Sue" visse tra i 67 e i 65,5 milioni di anni fa. Misura in lunghezza, dal naso alla punta della coda, 12,8 metri, e in altezza 4 metri al garrese. Quando era in vita doveva pesare tra le 5,5 e le 6,5 tonnellate.

◀ Sue Hendrickson con il piede fossile di "Sue". La paleontologa Sommozzatore esperto, ha anche esplorato relitti di navi e città sommerse.

▼ Nel maggio 2000, "Sue" venne messa in esposizione al Field Museum di Chicago e da allora ne è l'attrazione principale.

NON CI CREDO!

Non è possibile sapere se Sue fosse femmina o maschio. Ma è di sicuro una... "Su(e)perstar", con oltre un milione di visitatori all'anno!

254 Dopo il ritrovamento di "Sue" nacque una controversia su chi fosse il proprietario di quei fossili. Li rivendicarono il proprietario del terreno, la squadra di scavo, gli organizzatori della campagna e le autorità locali. Dopo una lunga battaglia legale, nel 1997 "Sue" fu battuto all'asta a New York: il Field Museum di Chicago lo acquistò per quasi 7 milioni di euro.

Stan, Jane e gli altri

255 **Oltre a "Sue", abbiamo oltre 30 altri set di fossili di *T rex*.** In alcuni casi non abbiamo che poche ossa e qualche dente, ma ce ne sono anche di ben conservati, con scheletri pressoché completi.

257 **"Wankel rex," numero di inventario MOR 555, fu rinvenuto da Kathy Wankel nel 1988.** Gli scavi furono effettuati da una squadra del Museum of the Rockies, e ora è esposto nel museo stesso a Bozeman, nel Montana.

256 **"Stan" deve il nome al suo scopritore, Stan Sacrisen.** Fu trovato nel 1992 vicino a Buffalo, nel Dakota del Sud, da una squadra del Black Hills Institute e inventariato BHI 3033. "Stan", con 199 ossa e 58 denti, era lungo circa 12,2 metri e pesava sulle 3 tonnellate. Alcune ossa mostrano dei segni di ferite rimarginate, oltre a costole rotte, lesioni al collo e un colpo inferto al cranio da un dente.

258 **"Tinker", soprannominato anche "Kid Rex", era un giovane *Tyrannosaurus rex*.** Grande circa due terzi di un adulto, fu identificato nel 1998 nel Dakota del Sud e prese il nome del capo della squadra di cacciatori di fossili, Ron "Tinker" Frithiof.

▶ "Stan" si trova ora al Black Hills Museum a Hill City, nel Dakota del Sud.

259 **"Jane", numero di inventario BMRP 2002.4.1, si trova al Museo Burpee di storia naturale a Rockford, in Illinois (Stati Uniti).** Dissotterrato in Montana, è più piccolo di un *Tyrannosaurus rex* adulto, con i suoi 6,5 metri di lunghezza e 650-700 chilogrammi di peso. Alcuni esperti pensano si tratti di un giovane non ancora del tutto formato, morto attorno ai 10-12 anni. Altri lo ritengono un dinosauro di tipo simile, ma più piccolo: un *Nanotyrannus*.

▶ Ci sono voluti più di quattro anni per estrarre, pulire e assemblare i fossili di "Jane", scoperti nella Formazione di Hell Creek, prima di poterli mettere in mostra.

UN NUOVO NOME

Cosa ti serve

Immagine di *T rex* in pose diverse
carta e penna

Copia un po' di immagini di *T rex* sul tuo pezzo di carta. Immagina che tu e i tuoi amici abbiate scoperto i loro fossili e dato loro dei nomi. Scrivili accanto ai disegni... uno potrebbe essere il tuo?

Più grandi del "re"

260 **Fino agli anni Novanta, il *Tyrannosaurus rex* era reputato il più grande predatore terrestre di tutti i tempi.** E invece, negli ultimi anni sono stati scoperti dei dinosauri carnivori ancora più grandi.

261 **Nel 1993, in Patagonia (Argentina) si rinvennero i fossili di *Giganotosaurus*, che significa "rettile gigante del Sud".** Questo enorme cacciatore era leggermente più grande di un *T rex*, con i suoi oltre 13 metri di lunghezza e il peso di 6 tonnellate, e pare sia collocabile prima del *T rex*, circa 95-90 milioni di anni fa.

262 **Fossili di *Spinosaurus* vennero alla luce per la prima volta in Egitto nel 1912.** Questo predatore, vissuto tra i 100 e i 95 milioni di anni fa, aveva lunghe spine ossute che gli sporgevano sul dorso sostenendo una "vela" di pelle. S pensò a un grande predatore, ma non tanto quanto un *T rex*. Scoperte più recenti, portano a ritenerlo più grande: 16 metri di lunghezza e 7 tonnellate di peso.

QUIZ

Metti questi dinosauri in ordine di grandezza, dal più grande al più piccolo:

Tyrannosaurus rex *Deinonychus* *Brachiosaurus* *Spinosaurus* *Compsognathus* *Giganotosaurus*

Risposte
Brachiosaurus, Spinosaurus, Giganotosaurus, Tyrannosaurus rex, Deinonychus, Compsognathus

263 **Il *Carcharodontosaurus*, il cui nome significa "lucertola dai denti di squalo", era un altro enorme predatore dell'Africa.** Vissuto tra i 100 e i 95 milioni di anni fa, gli fu dato per la prima volta questo nome nel 1931. Nuove scoperte in Marocco e Niger indicano che dovesse avere più o meno la taglia del *T rex*.

264 **Un altro dinosauro dalle medesime dimensioni del *T rex* era il *Mapusaurus*, che visse in Argentina nello stesso periodo in cui il *T rex* scorrazzava in America del Nord.** Di circa 3 tonnellate era meno massiccio.

▼ Questo teschio di *Carcharodontosaurus* è lungo oltre 1,7 metri, con denti di 20 centimetri. Il teschio umano accanto a lui rende l'idea della mole di questo dinosauro.

▶ Il *T rex* e gli altri carnivori non erano i dinosauri più grandi di tutti. Molto più grandi erano gli enormi erbivori come il *Brachiosaurus* e l'*Argentinosaurus*.

T *rex* superstar!

265 Il *Tyrannosaurus rex* **è molto più di un grande dinosauro carnivoro!** È una superstar mondiale tanto quanto il grande squalo bianco, la balenottera azzurra, il gorilla, la tigre e l'aquila reale. Se il *T rex* fosse ancora vivo e potesse chiedere una percentuale in denaro per l'utilizzo del suo nome, di immagini, sponsorizzazioni e pubblicità, sarebbe ricchissimo!

266 **Il *T rex* è una delle star del film *Jurassic Park*,** anche se non visse nel Giurassico, ma 80 milioni di anni più tardi, cioè alla fine del Cretaceo.

267 **Fin dai ritrovamenti dei suoi primissimi fossili, il *T rex* è diventato il protagonista di libri, opere letterarie e cinematografiche.** È presente in film come *Il mondo perduto*, prodotto originariamente nel 1925 e rifatto nel 1960 e nel 1992, nei vari film di *King Kong*, nel film d'animazione *Alla ricerca della Valle Incantata* (1988) e nelle commedie *Una notte al museo* (2006, 2009 e 2014).

▼ In *Una notte al museo*, Rexy, lo scheletro di *T rex*, sembra feroce, ma in realtà si comporta come un grosso cagnolone, correndo all'inseguimento delle ossa come farebbe un cucciolo di cane.

▶ Nel film d'avventura *T rex: Back to the Cretaceous* del 1998, Ally trova una roccia misteriosa simile a un uovo, che la riporterà alla fine dell'età dei dinosauri.

268 **Il *Tyrannosaurus rex* è diventato così popolare probabilmente grazie alla serie dei *Jurassic Park*,** che esordirono con *Jurassic Park* nel 1993, poi *Il mondo perduto – Jurassic Park* nel 1997, *Jurassic Park 3* nel 2001 e *Jurassic World* nel 2015. Il *Tyrannosaurus rex* esce dalla recinzione, attacca le persone e in generale provoca grande scompiglio... ma allo stesso tempo accudisce e protegge il suo cucciolo con la massima cura.

269 **I film, i videogiochi e altri prodotti di *Toy Story* presentano un *Tyrannosaurus rex* giocattolo ben diverso dal solito. "Rex" è infatti un dinosauro ansioso e terrorizzato di non fare abbastanza paura,** ben lontano quindi dal classico personaggio spaventoso che conosciamo.

▶ Il *T rex* di *Jurassic Park* cerca prede umane, ma alla fine le salva dall'attacco feroce dei dinosauri "rapaci".

Quale futuro per il *T rex*?

270 Perché il *Tyrannosaurus rex* si estinse oltre 65 milioni di anni fa, e con lui tutti gli altri dinosauri? L'ipotesi che prevale è che un enorme blocco di roccia proveniente dallo spazio, un asteroide, colpì la Terra provocando un disastro planetario: onde giganti, eruzioni vulcaniche e una tale nuvola di polvere da oscurare il Sole. Nell'estinzione di massa verificatasi alla fine del Cretaceo non avrebbe potuto sopravvivere alcun dinosauro, nemmeno i grandi *T rex.*

▶ Un fan dei dinosauri si trova a faccia a faccia con un *T rex* allo spettacolo *Walking with Dinosaurs* del 2009, dove dinosauri "animatronici" (modelli meccanici) si muovono e ruggiscono, ma a differenza di quelli veri... sono innocui.

271 Le teorie relative ai *T rex* si susseguono senza sosta. Man mano che gli scienziati rinvengono nuovi fossili e inventano metodi sempre più innovativi per studiarli, noi perfezioniamo e aggiorniamo le nostre conoscenze su di loro, e anche su altri animali e piante coevi.

272 **È possibile che alcuni esemplari di *T rex* o dinosauri simili siano sopravvissuti? Magari in una giungla fitta o tra remote montagne?** Gran parte delle terre del nostro pianeta è stata ormai esplorata e fotografata, anche dal cielo, con aerei e satelliti. Purtroppo non c'è alcuna traccia di *T rex* o di altri grandi animali sconosciuti.

273 **Potrebbe un *T rex* essere in qualche modo riportato in vita per mezzo dei suoi resti fossili?** È una possibilità alquanto remota, praticamente impossibile, malgrado i metodi scientifici di ultima generazione. E poi, se qualcuno ci riuscisse... dove potrebbe vivere? Cosa mangerebbe? Il suo habitat, il clima al quale si era adattato, i paesaggi, le piante e gli animali di allora sono ormai inesorabilmente scomparsi.

274 **Il *Tyrannosaurus rex* non detiene più il record del più grande predatore terrestre di tutti i tempi,** eppure è una tale celebrità che probabilmente rimarrà per molti anni ancora il dinosauro più famoso e, in assoluto, una delle creature più popolari del mondo.

I FOSSILI

275 Senza fossili, non sapremmo nulla, o quasi nulla, della vita preistorica. I fossili sono i resti di animali e piante morti ormai da molto tempo che si sono conservati nelle rocce. Questi reperti sono per noi come delle "finestre sul passato" che ci mostrano la straordinaria varietà della vita che per un lungo periodo prosperò sulla Terra e poi, nel corso di milioni di anni, scomparve.

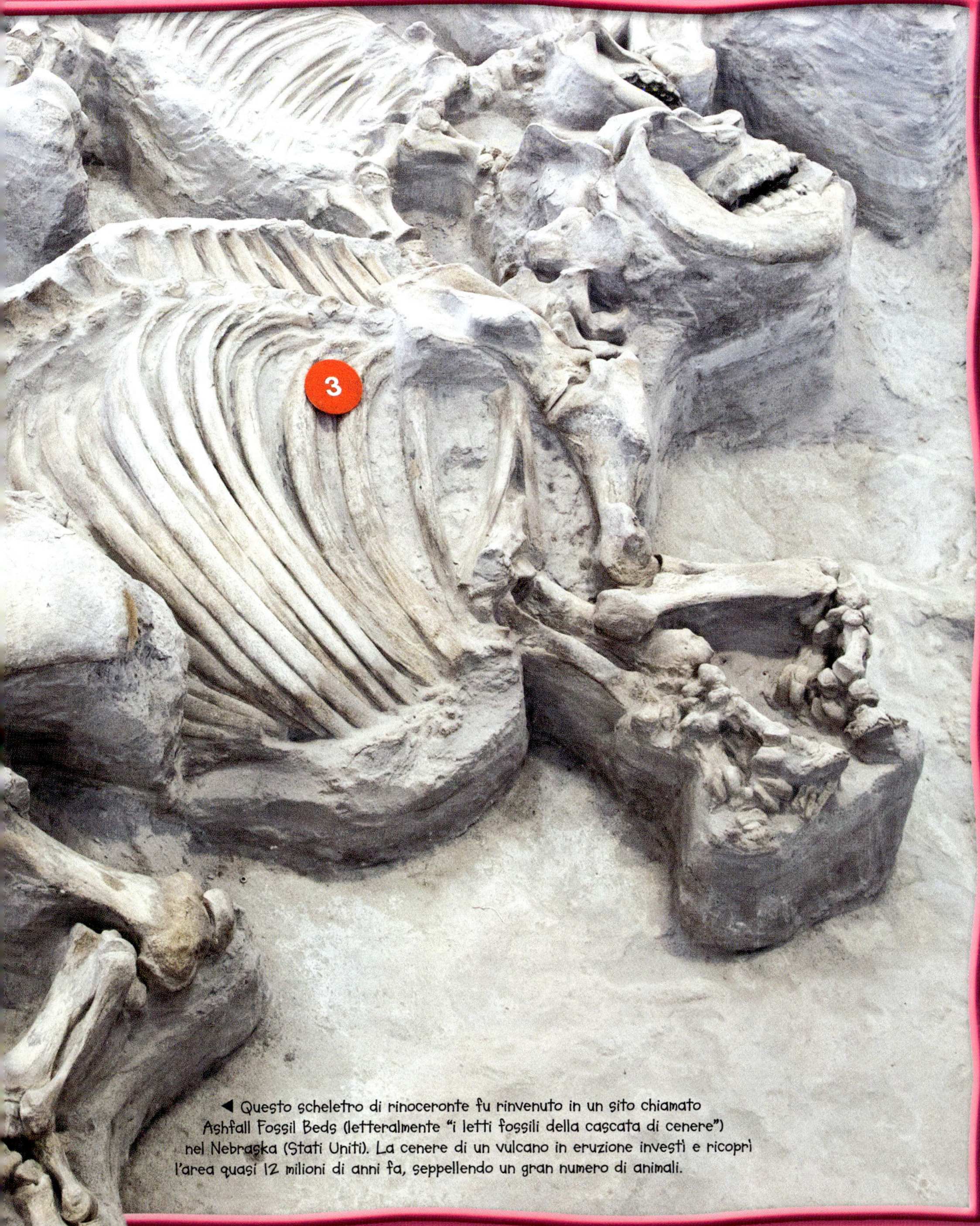

◀ Questo scheletro di rinoceronte fu rinvenuto in un sito chiamato Ashfall Fossil Beds (letteralmente "i letti fossili della cascata di cenere") nel Nebraska (Stati Uniti). La cenere di un vulcano in eruzione investì e ricoprì l'area quasi 12 milioni di anni fa, seppellendo un gran numero di animali.

Cosa sono i fossili?

276 **I fossili sono resti di organismi un tempo viventi che si sono conservati fino a noi. Possono essere ossa, denti, artigli...** di solito sepolti nei sedimenti come sabbia, limo o fango, che molto lentamente si sono trasformati in solida roccia insieme a ciò che c'era al loro interno.

277 **Ci vogliono come minimo 10.000 anni, ma di solito anche milioni di anni, perché si formino dei fossili.** Per questo i resti di esseri viventi che risalgono a poche centinaia o migliaia di anni fa, come le mummie dei faraoni dell'antico Egitto avvolte in bende, non sono da considerare dei veri fossili.

▲ Un fossile di *Williamsonia*, una pianta estinta.

278 **Molti esseri viventi diversi, vissuti tempo fa, si sono trasformati in fossili.** Tra questi, tutti i tipi di animali, dalle enormi balene ai dinosauri, dalle piccole mosche ai coleotteri. Ci sono anche fossili di piante, piccoli muschi, fiori e alberi giganti. Si sono conservati persino alcuni microscopici batteri.

◀ Essendo molto duri, i denti diventano fossili straordinari!

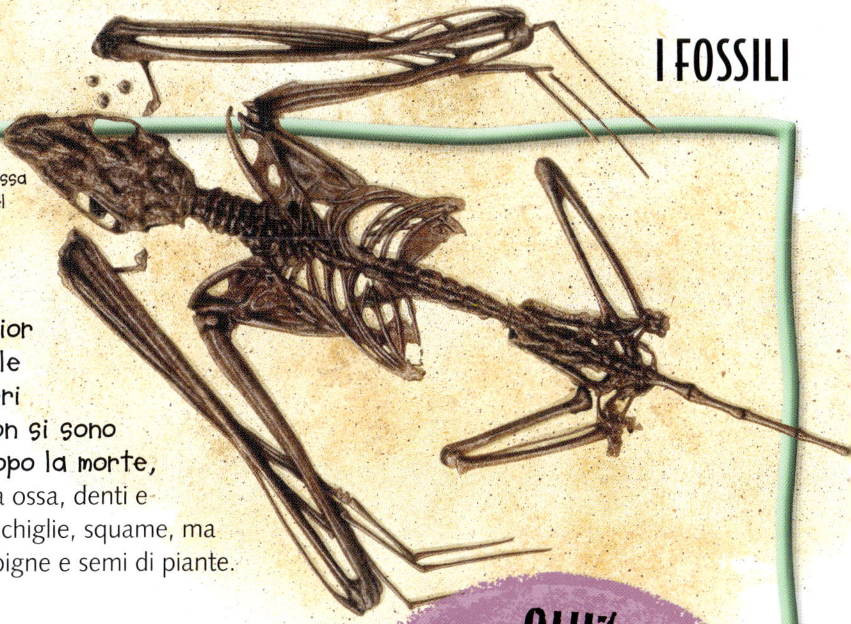

▶ È insolito che si fossilizzino ossa sottili e delicate come queste del pipistrello *Icaronycteris*.

279 **Nella maggior parte dei casi, sono le parti dure degli esseri viventi, quelle che non si sono decomposte subito dopo la morte, a fossilizzarsi.** Oltre a ossa, denti e artigli, si preservano conchiglie, squame, ma anche corteccia, radici, pigne e semi di piante.

280 **Molto più raramente si sono fossilizzati i tessuti molli, per esempio petali di fiori o corpi di vermi.** Se e quando se ne trovano, regalano un affascinante spaccato sull'aspetto che queste antiche forme di vita avevano e su come vivevano.

QUIZ

Quali di questi sono veri fossili?

A. Un uccello chiamato dodo, estintosi più di 300 anni fa.

B. Vasi e vasetti dell'antica Roma, risalenti a duemila anni fa.

C. I primi crostacei, apparsi nel mare oltre 500 milioni di anni fa.

Risposta
Solo C è un vero fossile. Gli altri sono di gran lunga troppo recenti.

▼ I corpi molli dei vermi tubo giganti si sono decomposti velocemente, ma i loro rigidi tubi a spirale si sono conservati nel fango dei fondali marini.

Fossili: un approccio scientifico

281 **Ci si rivolge sempre più spesso alla scienza per capire i fossili.** Il danese Nicolas Steno (1638-1686), padre della geologia, capì che alcuni strani reperti chiamati "lingua di pietra" ricordavano i denti di squalo... si chiese allora se i denti dei loro antenati non si fossero trasformati in pietra.

▲ Nicolas Steno, nel realizzare degli schizzi di strane "rocce" appuntite che aveva trovato, comprese che la loro forma assomigliava ai denti dei nostri squali attuali.

NON CI CREDO!

Prima che gli scienziati capissero come si fossero formati i fossili, alcune ossa di enormi animali, per esempio quelle dei dinosauri, si pensava appartenessero a esseri umani giganti... alti più di 5 metri!

282 **Lo scienziato Georges Cuvier (1769–1832) dimostrò che i fossili di elefanti ricordano gli animali che anche noi conosciamo bene.** Avanzò l'ipotesi che si fossero estinti, causando notevole clamore, perché molta gente credeva che fosse Dio ad aver creato animali e piante, e non avrebbe mai permesso a nessuno di scomparire per sempre.

◄ Cuvier studiò e diede il nome al fossile del teschio di *Mosasaurus*, l'enorme lucertola marina preistorica.

283 **Negli anni Venti dell'Ottocento, il dottore inglese Gideon Mantell (1790–1852) trovò un enorme dente fossile simile a quelli dell'iguana, ma più grande.** Chiamò *Iguanodon* il suo proprietario, che fu il primo dinosauro cui venne assegnato un nome. Ben presto si scatenò la caccia ai fossili di dinosauri e di altri animali estinti.

284 **Nel 1859 Charles Darwin (1809–1882) pubblicò il suo libro, *L'origine delle specie*,** in cui avanzò l'ipotesi che le specie di esseri viventi che non avrebbero avuto successo nella lotta per la sopravvivenza si sarebbero estinte, oppure trasformate, in nuovi tipi, lasciando i loro fossili lungo il percorso.

◀ Dopo avere analizzato i fossili del *Megatherium*, il bradipo terricolo gigante, Darwin scrisse: "Gli animali di oggi hanno una stretta relazione con le specie estinte".

285 **Nel corso dell'800 nacque una nuova importante branca della scienza, la paleontologia.** Studia la vita preistorica esaminando fossili di ogni tipo.

Il processo di fossilizzazione

▼ Tutti gli esseri viventi muoiono. Quelli che vivono in acqua, come questo ittiosauro, è più probabile che si fossilizzi rispetto a quelli che stanno sulla terraferma.

286

Quando un organismo vivente muore, la carne e le altre parti molli iniziano a decomporsi, e a volte diventano cibo di animali spazzini come vermi e insetti. Le parti più dure quali denti o ossa marciscono più lentamente e durano più a lungo.

287

Il processo di fossilizzazione di solito inizia così, e molto spesso si verifica in acqua. I sedimenti tendono a depositarsi su piante e animali morti in stagni, laghi, fiumi e mari. È questo il motivo per cui i fossili sono prevalentemente piante e animali che un tempo popolavano le acque, o che in qualche modo sono finiti in acqua.

1. Dopo la morte, l'ittiosauro sprofonda sul fondale marino. Vermi, granchi e altri spazzini mangiano le sue parti molli.

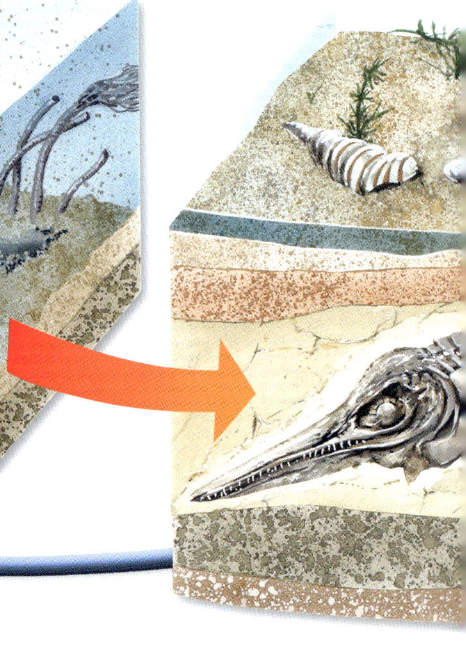

FOSSILI CASALINGHI

Cosa ti serve

piccole pietre • brocca di miscelazione in vetro • sabbia • acqua

Immagina che le pietre siano le ossa di un'antica creatura e che vengono trascinate in un fiume: depositale nella brocca e riempi questa di acqua fino a metà. Ecco, se ora cospargi le "ossa" di sabbia, saranno ricoperte dai sedimenti.

288 **Man mano si depositano nuovi strati di sedimenti sui resti,** seppellendoli sempre più profondamente. Un'ulteriore decomposizione, o la saprofagia, si fanno ormai sempre più improbabili.

289 **L'acqua, che si infiltra tra i sedimenti e i resti di organismi un tempo viventi,** contiene sostanze disciolte come minerali e sali che, a poco a poco, sostituiscono questi resti e li trasformano, insieme ai sedimenti, in roccia compatta, in un processo che prende il nome di permineralizzazione.

290 **La decomposizione degli esseri viventi inizia di solito subito dopo la morte, per questo le possibilità che si fossilizzino sono basse.** Inoltre, gli strati di roccia sedimentaria cambiano nel tempo, si muovono e a volte danneggiano i fossili che contengono, così le possibilità che qualcuno trovi un fossile sono ancora più basse. Ecco perché la testimonianza dei fossili nelle rocce corrisponde a una parte infinitesimale della vita preistorica.

2. I sedimenti coprono le parti dure del corpo, come ossa e denti, che gradualmente si trasformano in pietra dura.

3. Milioni di anni dopo, gli strati superiori della roccia si consumano e i resti fossili vengono alla luce.

Impronte e modelli fossili

291 **Visto come si formano i fossili, è più facile trovarli in rocce sedimentarie (arenaria, calcare, gesso, scisto e ardesia).** Altri tipi di rocce, per esempio le ignee che si originano a seguito del raffreddamento della lava incandescente eruttata dai vulcani, non contengono fossili.

▲ Di questo fossile di ammonite si possono vedere bene sia l'impronta esterna sia il modello interno.

▼ Le ammoniti erano feroci predatori imparentati con i calamari. Si sono estinte con i dinosauri 65 milioni di anni fa.

292 **Mentre i depositi dei sedimenti si trasformano in roccia, i resti degli organismi un tempo viventi al loro interno non sempre subiscono il medesimo processo.** A volte l'acqua li scioglie e li lava via gradualmente. Il risultato è una cavità nella roccia con la stessa forma di quei resti: è la cosiddetta impronta esterna.

293 **Dopo un altro po', questa "cavità" o impronta finisce per riempirsi dei minerali depositati dall'acqua,** producendo un pezzo di pietra diverso dall'ambiente della roccia circostante, ma della stessa forma dei resti originali. Lo si definisce modello interno.

▲ A volte un gran numero di animali si fossilizza in gruppo. Questi pesci rimasero forse intrappolati tutti insieme quando l'acqua in cui si trovavano si prosciugò. I loro resti mostrano dettagli sorprendenti.

294 **Modelli interni e impronte esterne si formano con l'intero fossile, ma anche con gli spazi e le scanalature al suo interno.** Per esempio, il teschio fossile di un animale può contenere uno spazio dove un tempo c'era il cervello. Se questo si riempie di minerali, può formare un pezzo di roccia che presenta le stesse forme e dimensioni del cervello originale. Simili calchi interni prendono il nome di endocasti.

295 **Di solito, quanto più è lento il processo di fossilizzazione, tanto più dettagli si conservano delle originali parti viventi.** A volte si possono vedere al microscopio anche particolari minuscoli.

NON CI CREDO!

Dai teschi fossili degli antichi uomini di Neanderthal si può notare che molti avevano un cervello più grande del nostro di oggi!

Conservati, ma come?

296 Gli organismi un tempo viventi si possono conservare in molti modi diversi. La mummificazione avviene quando piante o animali morti si essiccano lentamente. Alcuni dinosauri e animali si sono preservati così nelle sabbie dei deserti portate dal vento.

▲ Questa rana si è disidratata prima che le carni e i tessuti iniziassero a decomporsi. I suoi resti si sono mummificati.

297 L'ambra è la linfa (resina appiccicosa) degli alberi preistorici, in particolare delle conifere, che si è fossilizzata. Piccole creature intrappolate nella resina rimangono custodite al suo interno. Insetti, ragni, rane e persino foglie e semi si sono mantenuti così.

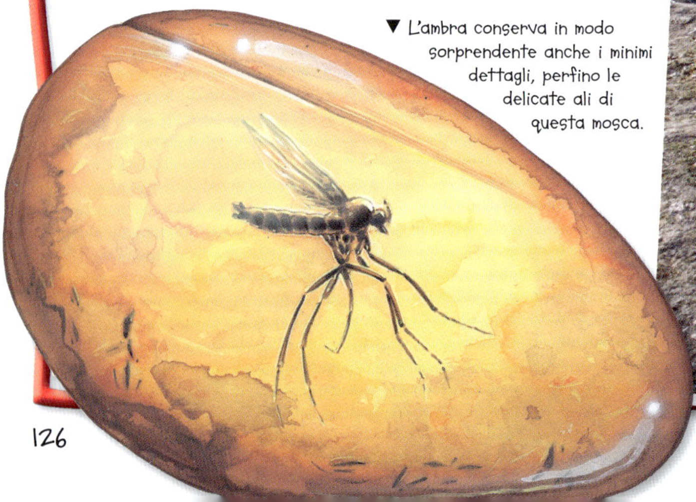

▼ L'ambra conserva in modo sorprendente anche i minimi dettagli, perfino le delicate ali di questa mosca.

298 **In luoghi come foreste e macchie, fuoriesce a volte dal terreno del catrame denso e appiccicoso, che forma delle pozze naturali.** Gli animali che vi rimangono intrappolati affondano e... si conservano intatti, perfino creature grandi come lupi, cervi, orsi, tigri dai denti a sciabola e mammut.

▶ Nel 1977, il corpo perfettamente conservato di questo cucciolo di mammut fu ritrovato in Siberia mentre si stava scongelando. Era rimasto intrappolato nel ghiaccio per migliaia di anni.

▼ Impronte umane fossilizzate ritrovate in Italia meridionale. La spaziatura di queste orme, dette tracce, ci mostrano come camminava o correva chi le ha lasciate.

299 **Un altro tipo di conservazione sono le creature gelate naturalmente nei ghiacci polari.** Non si tratta proprio di fossilizzazione, ma allo scioglimento dei ghiacci spuntano, a volte, fiori, alberi e animali congelati.

ABBINA!

Abbina gli animali qui sotto con il modo in cui si sono conservati.

A. Dinosauro che viveva nel deserto
B. Lupo dei boschi
C. Insetto arboricolo

1. Pozza di catrame naturale
2. Intrappolato nell'ambra
3. Mummificato

Risposte
A3 B1 C2

300 **Le tracce fossili non sono realmente parti del corpo di esseri un tempo viventi.** Sono testimonianze da loro lasciate, che si sono poi comunque fossilizzate. Possono essere impronte, o tane di animali, gusci d'uovo, scalfitture di denti o graffi. Qualsiasi tipo di segno può trasformarsi in pietra.

Una preistoria ricca di fossili

301 **I fossili vengono studiati dai paleontologi**, esperti generali di fossili e di vita preistorica, ma anche da paleozoologi, specializzati in animali preistorici, e paleobotanici, conoscitori di piante preistoriche. I geologi studiano la struttura delle Terra, le rocce, i sedimenti e le altre sostanze che la compongono. Tutte queste scienze permettono di ricomporre la sconfinata preistoria del nostro pianeta.

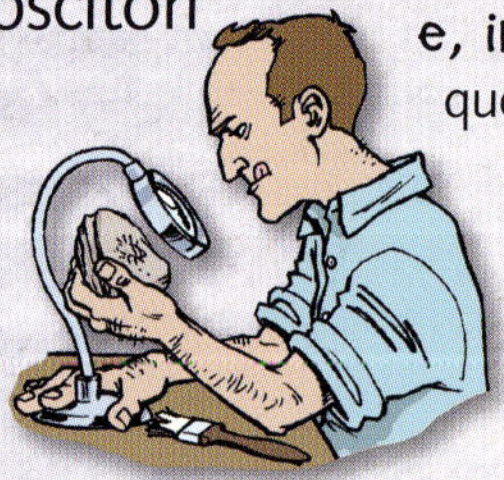

302 **La storia del nostro pianeta è stata suddivisa in intervalli di tempo molto lunghi chiamati eoni, divisi a loro volta in ere, periodi, epoche e, infine, età.** Ciascuna di queste divisioni temporali è contrassegnata da alcune modifiche nelle rocce che si sono formate nel periodo corrispondente. E, se si tratta di rocce sedimentarie, anche dai fossili che contenevano. Tutto questo arco temporale, dalla formazione della Terra 4600 milioni di anni fa a oggi, è conosciuto come scala dei tempi geologici.

▼ A partire dal Cambriano (all'estrema destra), questa cronologia mostra i principali periodi in cui si tende a suddividere la storia della Terra, fornendo esempi di alcuni animali fossili e piante ritrovati in ognuno di essi. "Ma" sta per "milioni di anni fa".

303 Per fare un esempio della divisione del tempo geologico, si può dire che il Cretaceo si colloca tra 145,5 e 65,5 milioni di anni fa. Tale periodo deriva il suo nome da *crēta*, parola latina che significa gesso, calcare. A causa della temperatura, delle precipitazioni e di altre condizioni climatiche, si sono formati degli strati di roccia di questo minerale, i quali contenevano fossili come alcuni tipi di crostacei, di rettili alati (pterosauri) e di molti tipi di dinosauri.

PREPARA GESSI FOSSILI

Cosa ti serve

gessetti • cucchiaino di metallo

Il gesso contiene spesso crostacei fossili. Trova delle immagini di esemplari lunghi e sottili, come i guscio di rasoio (*Ensis magnus*), cozze e belemniti. Con il cucchiaino raschia e scolpisci i gessetti creando delle forme, così da creare il tuo museo "fossile".

Capire l'età

304 **"Datare" un fossile significa capire quanti anni ha.** In genere, le rocce trovate più in profondità sono più antiche di quelle degli strati rocciosi superiori, di conseguenza lo sono anche i fossili che contengono. Gli strati di roccia sedimentaria e i loro fossili sono stati messi a confronto, così da avere un quadro generale abbastanza dettagliato di quali piante e animali fossilizzati esistessero e quando.

305 **Quando si trova un nuovo fossile, lo si può analizzare alla luce di questo quadro generale per risalire alla sua età.** Si definisce "datazione relativa" l'età di un fossile determinata grazie al raffronto con altri fossili di cui già si conosce la datazione.

NON CI CREDO!

Tra 400 e 65 milioni di anni fa esistevano migliaia di ammoniti diverse, fino a un diametro di oltre 3 metri!

▼ Nel Grand Canyon (Stati Uniti) si distinguono chiaramente strati di roccia diversi, portati alla luce dal fiume Colorado, che si snoda attraverso il canyon.

▲ Alcuni tipi di rocce calcaree sono quasi interamente costituite da fossili di piccole creature marine.

306 **Alcuni tipi di piante e animali molto comuni sono sopravvissuti nel corso di milioni di anni lasciando grande abbondanza di resti fossili,** il che li rende estremamente utili per determinare la datazione relativa. Sono soprannominati "fossili guida".

307 **Quasi tutti i fossili guida vengono dal mare, perché è lì che si conservano al meglio.** Comprendono artropodi come le trilobiti, ammoniti dalla conchiglia a spirale, echinoidei simili a palle con aculei (ricci di mare) e graptoliti, la cui forma ricorda la scrittura cuneiforme. Sulla terra, duri grani di polline e spore.

▶ Le trilobiti sono considerate ottimi fossili guida. Se ne sono susseguiti vari tipi tra 530 e 250 milioni di anni fa, poi sono scomparsi.

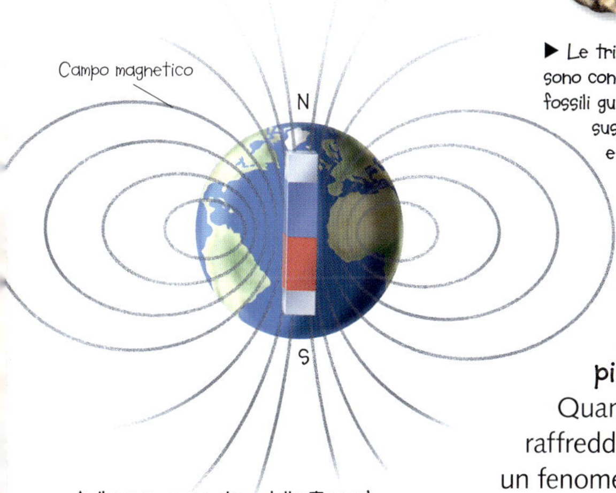

▲ Il campo magnetico della Terra è cambiato e si è anche invertito nel corso di milioni di anni, cosa che ha aiutato a datare i fossili.

308 **Il campo magnetico naturale della Terra è cambiato più volte nel corso della preistoria.** Quando alcune rocce ignee si sono formate per raffreddamento, il magnetismo si è "congelato" in loro, in un fenomeno detto paleomagnetismo. Possono essere datate confrontandole con il quadro generale dei cambiamenti magnetici succedutisi nella storia della Terra.

Quanti anni fa?

309 **Confrontando i fossili con il metodo della datazione relativa, si può capire se un fossile è precedente a un altro o successivo.** Ma come risalire all'età effettiva, alla cosiddetta datazione assoluta, di fossili nel corso di milioni di anni?

NON CI CREDO!

Si ritiene che i fossili più antichi siano dei microbi minuscoli simili ai nostri batteri e alle alghe verdi-azzurre (cianobatteri). Hanno più di 3400 milioni di anni.

310 **La datazione assoluta si basa in primo luogo su sostanze presenti in natura,** che emettono piccole quantità di radiazioni e particelle, in un processo noto come radioattività. Vista l'emissione di lievi forme di energia, queste sostanze, chiamate radioisotopi, cambiano o "decadono" lievemente. Per risalire a quanto tempo prima si è formato un fossile, si può misurare il tasso di decadimento di tali radioisotopi: è il cosiddetto metodo della datazione radiometrica.

311 **Per determinare la datazione radiometrica ci si serve di vari tipi di sostanze.** Ognuna decade a una certa velocità, alcune più lentamente di altre. Quelle che decadono più lentamente sono utili per datare i fossili più antichi, le più veloci per risalire ai fossili più recenti.

◀ Le rocce dello Scudo canadese, una vastissima zona del Canada orientale e centrale, risalgono, sembra, a oltre 2500 milioni di anni fa.

312 **La datazione radiometrica si basa sul decadimento di un tipo di carbonio noto come carbonio-14 (^{14}C o radiocarbonio).** Tale riduzione avviene abbastanza velocemente ed è utile per un intervallo temporale fino a 60.000 anni fa. Ci aiuta a determinare l'età dei fossili recenti e anche quella di animali come mammut congelati.

313 **Nella datazione al potassio-argon (K-Ar), il potassio si trasforma in argon lentamente, nell'arco di miliardi di anni.** È utile per quegli strati di roccia appena sopra, o sotto, i fossili formatisi tra qualche miliardo di anni fa fino a circa 100.000 anni fa. Le datazioni rubidio-stronzio e uranio-piombo rivelano l'età di rocce anche più antiche praticamente a quando la Terra iniziò la sua esistenza.

▼ Datazione al radiocarbonio.

1. Il mammut lanoso mangia piante contenenti ^{14}C

2. Il mammut muore e non assume più ^{14}C

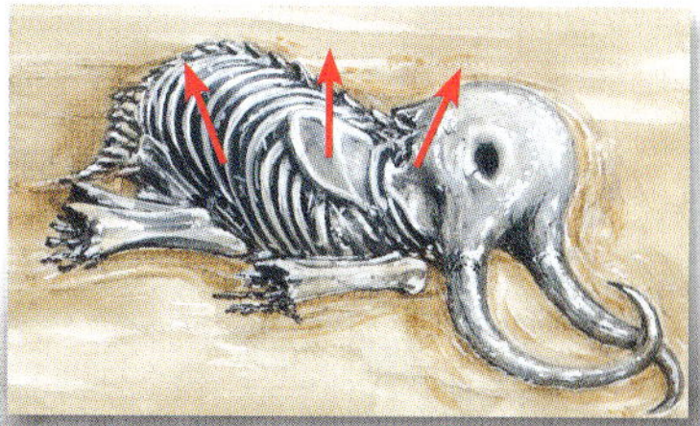

3. La metà del ^{14}C decade ogni 5730 anni

▼ I geologi misurano piccole quantità di radioattività nelle rocce e nei fossili utilizzando apparecchiature come i contatori Geiger.

I fossili vanno di gran moda

314 **Dall'inizio del XIX secolo, la caccia ai fossili si fece sempre più popolare.** Fiorirono i musei e le collezioni basate sulle "meraviglie della natura", che esponevano animali impagliati, insetti spillati, fiori pressati e... fossili, molti fossili!

ABBINA

Abbina i nomi scientifici di questi fossili con i luoghi in cui furono rinvenuti.

A. *Argentinosaurus* (dinosauro)
B. *Toxorhynchites mexicanus* (zanzara nell'ambra)
C. *Proconsul africanus* (primate)

1. Messico, America centrale
2. Argentina, America del Sud
3. Africa

Risposte
A2 B1 C3

315 **Sempre più persone si guadagnavano da vivere trovando fossili per venderli.** Una delle prime fu Mary Anning (1799-1847) di Lyme Regis. Per molti anni raccolse fossili lungo la riva del mare, dove onde e tempeste si infrangono fessurando rocce e scogli e portando alla luce nuovi reperti. Mary scoprì fossili di ittiosauri, plesiosauri, pterosauri e molti altri animali.

▶ Come già ai tempi di Mary Anning, i fossili vengono ancora alla luce tra le rocce di Lyme Regis.

316 **Nel 1881, il British Museum aprì le porte per esporre a Londra le sue collezioni di storia naturale, che vantano fossili e altre meraviglie provenienti da tutto il mondo.** Anche altre grandi città avevano musei simili, e inviarono cacciatori di fossili in luoghi lontani alla ricerca dei reperti più spettacolari.

▲ Nel 1860, molti musei esponevano ormai fossili come quello di questo mosasauro, un enorme serpente marino.

▼ Cope e Marsh trovarono e descrissero più o meno 130 nuovi tipi di dinosauri.

Othniel Charles Marsh

Edward Drinker Cope

317 **Negli anni Settanta-Novanta dell'Ottocento gli americani Othniel Charles Marsh e Edward Drinker Cope erano tra i cacciatori di fossili più rinomati.** Le loro squadre facevano a gara per raccogliere più fossili (e più incredibili) possibile, non solo di dinosauri, ma anche di altri animali e piante.

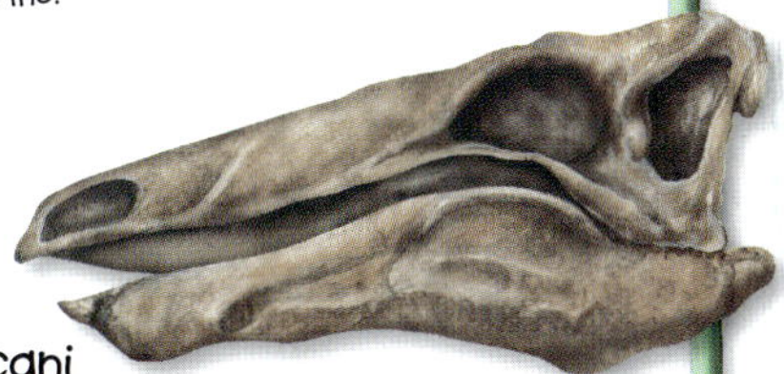

▲ I primi teschi fossili di *Stegosaurus* furono rinvenuti negli anni Settanta dell'Ottocento.

► Lo *Stegosaurus* fu così chiamato da Marsh nel 1877.

318 **Dai primi del Novecento la ricerca di fossili si diffuse in Africa. Negli anni Venti in Mongolia e Cina.** Dagli anni Settanta ci furono ritrovamenti in America meridionale e Australia. Oggi i cacciatori di fossili girano il mondo confidando in nuove scoperte.

I dinosauri oggi

319 Il termine "dinosauro" fu coniato nel 1842 dallo scienziato inglese Richard Owen, che capì che i fossili di alcuni animali preistorici erano di rettili, ma diversi da qualsiasi gruppo di rettili conosciuto fino ad allora. Creò il nuovo gruppo dei *Dinosauria*, di cui facevano parte l'*Iguanodon*, il *Megalosaurus* e l'*Hylaeosaurus*, tutti da fossili ritrovati in Inghilterra.

▲ Questo fossile di *Sinosauropteryx* ha zampe e piedi lunghi (in basso a sinistra). La sua coda insolitamente lunga si inarca verso l'alto fino alla testa e oltre (in alto a destra).

▲ Il dinosauro *Caudipteryx* trovato in Cina aveva braccia minuscole e piume della coda a ventaglio.

320 Dal 1850 la caccia partì anche in America del Nord, dove furono trovate centinaia di nuovi dinosauri. Negli anni Venti si fecero alcune scoperte entusiasmanti in Asia centrale. Oggi si rinvengono resti di dinosauri in tutto il pianeta, perfino tra i ghiacci artici. Alcuni dei ritrovamenti più sorprendenti degli ultimi anni sono avvenuti in Argentina e Cina.

321 Nel 1996, da alcuni fossili di *Sinosauropteryx* si intuì che questo dinosauro fosse ricoperto di piume. Diffuso 123 milioni di anni fa in Cina, era un carnivoro snello e veloce, lungo appena un metro. Le sue piume erano sottili e filiformi, non adatte al volo.

▶ Con i suoi 80 cm di lunghezza, il *Microraptor* era uno dei più piccoli rapaci (dinosauri "ladri").

▲ Lo *Yutyrannus* era uno dei più grandi dinosauri piumati. Arrivava a quasi 2 tonnellate. I suoi fossili hanno 120 milioni di anni e sono stati rinvenuti in Cina nord-orientale.

▼ Le are e gli altri uccelli sono i dinosauri volanti di oggi.

322 **Dopo il *Sinosauropteryx*, furono scoperti molti altri dinosauri piumati,** tra cui il *Caudipteryx*, il piccolo *Microraptor*, il *Dilong* di due metri e l'enorme carnivoro *Yutyrannus* di oltre 9 metri di lunghezza. Nessuna di queste creature aveva però corpi o piume adatte al volo. Solo l'*Archaeopteryx*, vissuto 150 milioni di anni fa, era un piccolo carnivoro con piume larghe perfettamente idonee a tale scopo.

323 **Molti esperti di oggi ritengono che gli uccelli si siano evoluti dai piccoli dinosauri carnivori.** In effetti, gli uccelli farebbero parte del gruppo dei dinosauri e ciò significherebbe che non tutti i dinosauri si estinsero 65 milioni di anni fa. Alcuni sopravvissero, e oggi saltano, battono le ali e cantano in giardini, parchi, boschi e altri habitat: sono, appunto, gli uccelli.

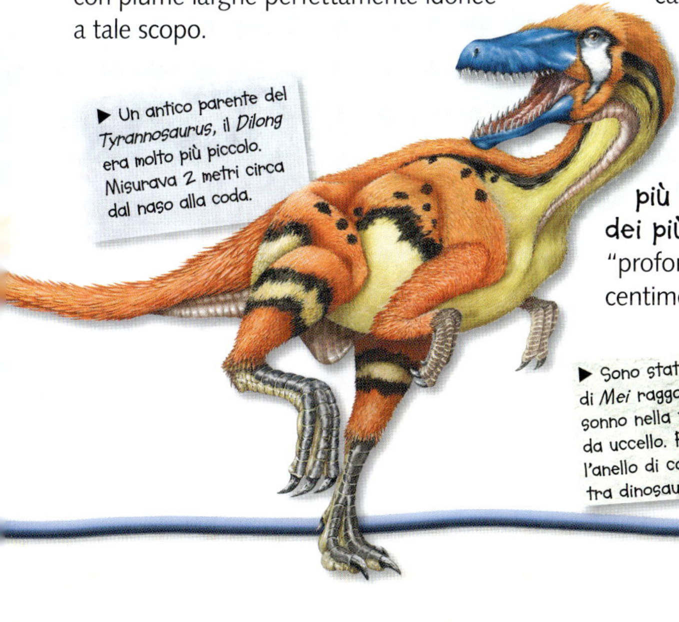

▶ Un antico parente del *Tyrannosaurus*, il *Dilong* era molto più piccolo. Misurava 2 metri circa dal naso alla coda.

324 **Il dinosauro dal nome più breve in assoluto era anche uno dei più piccoli.** *Mei*, che significa "profondamente addormentato", era lungo 60 centimetri e probabilmente ricoperto di piume.

▶ Sono stati trovati fossili di *Mei* raggomitolato nel sonno nella tipica posa da uccello. Potrebbe essere l'anello di congiunzione tra dinosauri e uccelli.

Famosi giacimenti fossiliferi

325 **Ci sono dei luoghi in giro per il mondo che sono diventati celebri grazie ai fossili** e spesso vengono menzionati dai telegiornali per i resti di dinosauri, che sono comunque solo una minima parte delle migliaia di fossili portati alla luce e studiati.

▼ Questa mappa mostra alcuni dei più famosi giacimenti fossiliferi sparsi per il mondo.

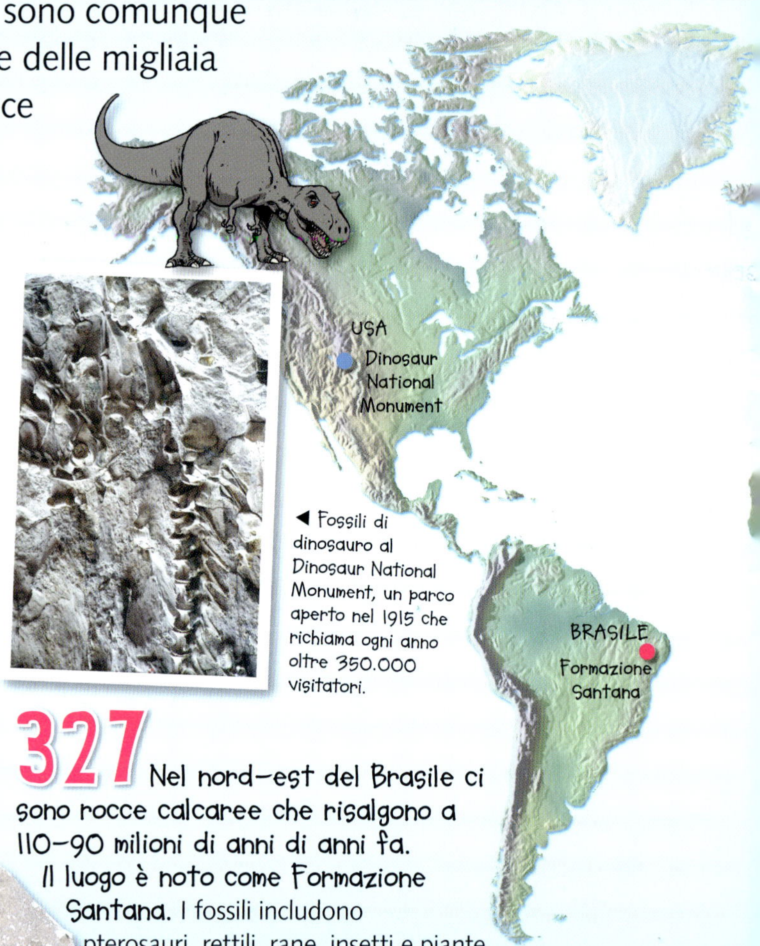

326 **Le Badlands nel Midwest (America settentrionale), sono note per i molti e famosi giacimenti fossiliferi.** Al Dinosaur National Monument, al confine tra Colorado e Utah (Stati Uniti), le rocce hanno almeno 150 milioni di anni. A parte i resti di dinosauri, sono emersi anche fossili di coccodrilli, tartarughe, rane, crostacei e piante.

◀ Fossili di dinosauro al Dinosaur National Monument, un parco aperto nel 1915 che richiama ogni anno oltre 350.000 visitatori.

327 **Nel nord-est del Brasile ci sono rocce calcaree che risalgono a 110-90 milioni di anni di anni fa. Il luogo è noto come Formazione Santana.** I fossili includono pterosauri, rettili, rane, insetti e piante. Alcuni pesci fossili si sono conservati con i resti dei loro ultimi pasti all'interno del corpo.

◀ Questa libellula di 100 milioni di anni fa è una delle migliaia trovate nelle rocce della Formazione Santana, in Brasile.

328 **Alcuni dei migliori fossili europei vengono da cave di calcare nella zona di Solnhofen, nel sud della Germania.** Vi si trovano dinosauri, pterosauri, un *Archaeopteryx*, che è il primo uccello conosciuto, e poi pesci, insetti, meduse.

▲ Il *Compsognathus*, uno dei dinosauri più piccoli ritrovati a Solnhofen, in Germania, è straordinario per la qualità dei suoi dettagli.

329 **Lightning Ridge si trova nel nord-ovest del Nuovo Galles del Sud, in Australia.** Oltre alle bellissime pietre opali nere, ci sono fossili di mammiferi estinti da tempo, dinosauri, pterosauri, coccodrilli, tartarughe, squali, gamberi, chiocciole, crostacei e pigne che hanno 110 milioni di anni.

▲ Fossili di oltre 400 cetacei preistorici come il *Basilosaurus* sono emersi nella zona di Fayoum, in Egitto.

330 **Fayoum (Egitto), a sud del Cairo, è uno dei più incredibili siti di fossili in Africa.** Vi si trovano reperti di mammiferi preistorici come ippopotami, rinoceronti, elefanti, ratti, pipistrelli, scimmie e persino cetacei che hanno tra i 40 e i 5 milioni di anni.

▲ In Australia sono stati ritrovati alcuni fossili di *Diprotodon*, un vombato gigante.

A caccia di fossili

331 Dove troviamo i fossili?

I cacciatori di fossili si servono di vari strumenti e indizi per trovare i siti migliori. Le carte geologiche indicano quali rocce si trovano in superficie o appena sotto. Per contenere fossili, queste rocce devono essere sedimentarie.

PIANIFICA UNO SCAVO

Cosa ti serve

matita e quaderno
foto di siti di scavi fossili

Stai organizzando un viaggio alla ricerca di fossili in un lontano deserto. Stendi un elenco delle attrezzature di cui pensi di avere bisogno. Sfoglia le pagine di questo libro per trovare degli indizi. Una volta finita la lista, disegna una piantina degli scavi che intendi fare e decidi con chi partire.

332 I cacciatori di fossili hanno bisogno dei permessi per iniziare una campagna di scavi.

Onde evitare reati come violazione di domicilio, atti vandalici e furto, il proprietario del posto, il gestore del territorio e le autorità locali devono essere d'accordo sui metodi di ricerca e sulla proprietà di eventuali reperti.

▶ Alcuni paleontologi setacciano rocce e fossili comuni alla ricerca di tracce di reperti importanti nella cava Bromacker, in Germania.

▶ Anno dopo anno, sole, vento, pioggia e ghiaccio consumano le rocce e portano alla luce nuovi fossili nel Parco provinciale dei dinosauri dell'Alberta, in Canada.

333 **I posti migliori in cui cercare dei fossili è dove le rocce si rompono con facilità, o sono consumate da onde, vento, sole, ghiaccio e altre intemperie.** Si tratta del processo di erosione, cui sono soggette scogliere, spiagge, argini di fiumi, valli, canyon e grotte. Oppure può accadere nelle zone in cui si scavano cave e miniere, o si costruiscono strade, ferrovie e fondamenta.

334 **Immagini satellitari, fotografie aeree, rilievi, viaggi ispezioni dall'alto, o anche solo delle passeggiate ci fanno vedere la natura del terreno.** Le aree rocciose nude sono le migliori, più delle zone ricoperte di terra, piante e alberi.

▶ Questa foto satellitare di Olduvai Gorge, in Africa orientale, mostra una delle migliori zone del mondo per quanto riguarda i fossili umani preistorici.

335 **I ricercatori di fossili seguono dei protocolli operativi** che illustrano i metodi e per causare il minor danno possibile durante gli scavi, il modo in cui eseguirli correttamente e in sicurezza, e come ripristinare il sito al termine dei lavori. Si possono trovare maggiori informazioni anche sul web.

In mostra

346 **In una collezione di fossili ben organizzata, a ogni pezzo viene assegnato un numero di inventario, che fornisce anche l'indicazione di dove e quando è stato rinvenuto.** Ciascun reperto è esaminato, descritto, identificato e inserito in un database o in uno schedario, così da essere sempre immediatamente identificabile.

347 **Di solito, in musei, gallerie e mostre vengono esibiti solo fossili scelti molto particolari.** Può trattarsi di esemplari di dimensioni formidabili di una determinata specie, oppure conservati in ogni dettaglio, o molto rari, o scoperti da un famoso cacciatore di fossili... Oppure sono semplicemente molto belli.

▼ Il Museo di storia naturale di Londra ha alcune tra le più incredibili collezioni di fossili del mondo. Il calco in gesso dello scheletro di *Diplodocus*, chiamato affettuosamente "Dippy", giunse nella capitale nel 1905, e da allora è divenuto un fortissimo richiamo per i visitatori.

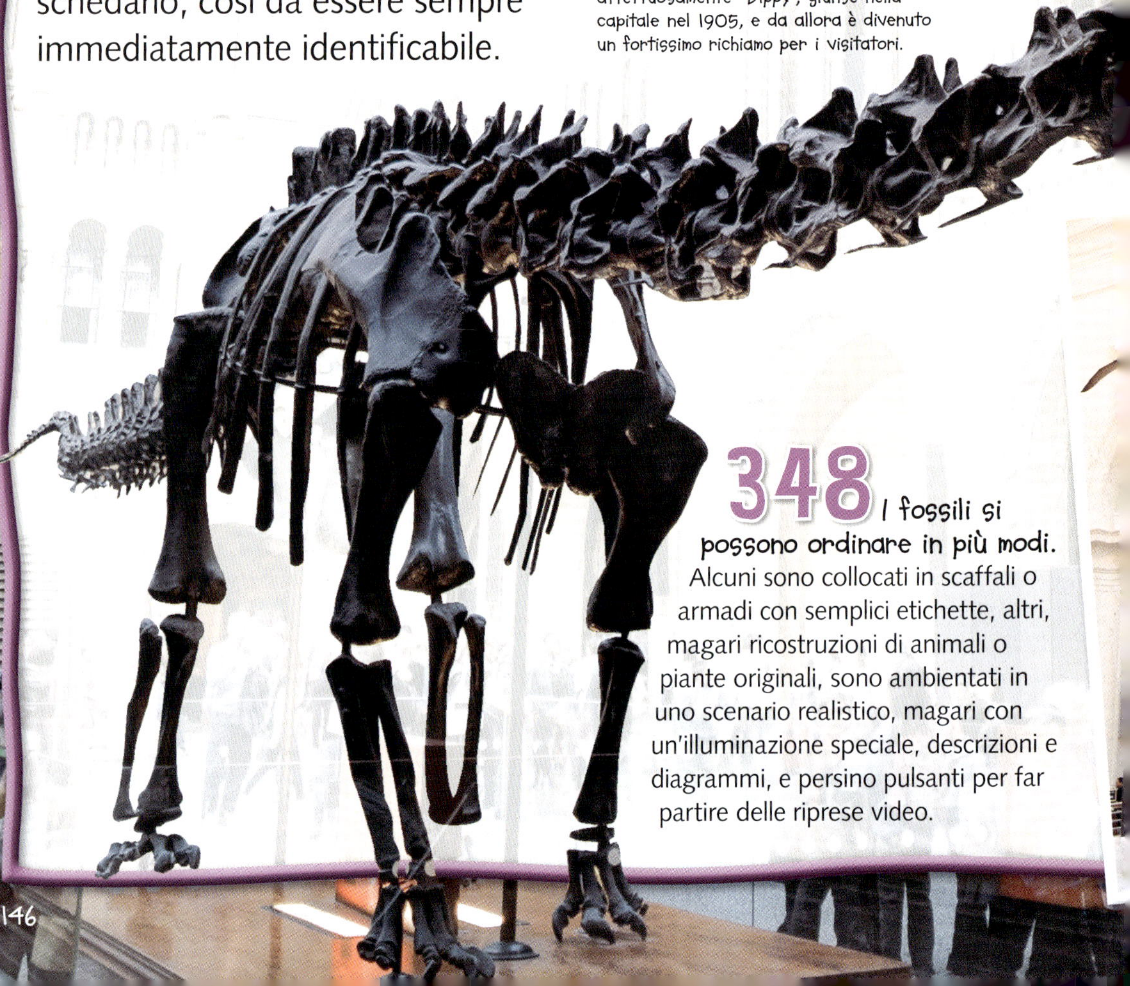

348 **I fossili si possono ordinare in più modi.** Alcuni sono collocati in scaffali o armadi con semplici etichette, altri, magari ricostruzioni di animali o piante originali, sono ambientati in uno scenario realistico, magari con un'illuminazione speciale, descrizioni e diagrammi, e persino pulsanti per far partire delle riprese video.

▶ Anno dopo anno, sole, vento, pioggia e ghiaccio consumano le rocce e portano alla luce nuovi fossili nel Parco provinciale dei dinosauri dell'Alberta, in Canada.

333 **I posti migliori in cui cercare dei fossili è dove le rocce si rompono con facilità, o sono consumate da onde, vento, sole, ghiaccio e altre intemperie.** Si tratta del processo di erosione, cui sono soggette scogliere, spiagge, argini di fiumi, valli, canyon e grotte. Oppure può accadere nelle zone in cui si scavano cave e miniere, o si costruiscono strade, ferrovie e fondamenta.

334 **Immagini satellitari, fotografie aeree, rilievi, viaggi ispezioni dall'alto, o anche solo delle passeggiate ci fanno vedere la natura del terreno.** Le aree rocciose nude sono le migliori, più delle zone ricoperte di terra, piante e alberi.

▶ Questa foto satellitare di Olduvai Gorge, in Africa orientale, mostra una delle migliori zone del mondo per quanto riguarda i fossili umani preistorici.

335 **I ricercatori di fossili seguono dei protocolli operativi** che illustrano i metodi e per causare il minor danno possibile durante gli scavi, il modo in cui eseguirli correttamente e in sicurezza, e come ripristinare il sito al termine dei lavori. Si possono trovare maggiori informazioni anche sul web.

In mostra

346 **In una collezione di fossili ben organizzata, a ogni pezzo viene assegnato un numero di inventario, che fornisce anche l'indicazione di dove e quando è stato rinvenuto.** Ciascun reperto è esaminato, descritto, identificato e inserito in un database o in uno schedario, così da essere sempre immediatamente identificabile.

347 **Di solito, in musei, gallerie e mostre vengono esibiti solo fossili scelti molto particolari.** Può trattarsi di esemplari di dimensioni formidabili di una determinata specie, oppure conservati in ogni dettaglio, o molto rari, o scoperti da un famoso cacciatore di fossili... Oppure sono semplicemente molto belli.

▼ Il Museo di storia naturale di Londra ha alcune tra le più incredibili collezioni di fossili del mondo. Il calco in gesso dello scheletro di *Diplodocus*, chiamato affettuosamente "Dippy", giunse nella capitale nel 1905, e da allora è divenuto un fortissimo richiamo per i visitatori.

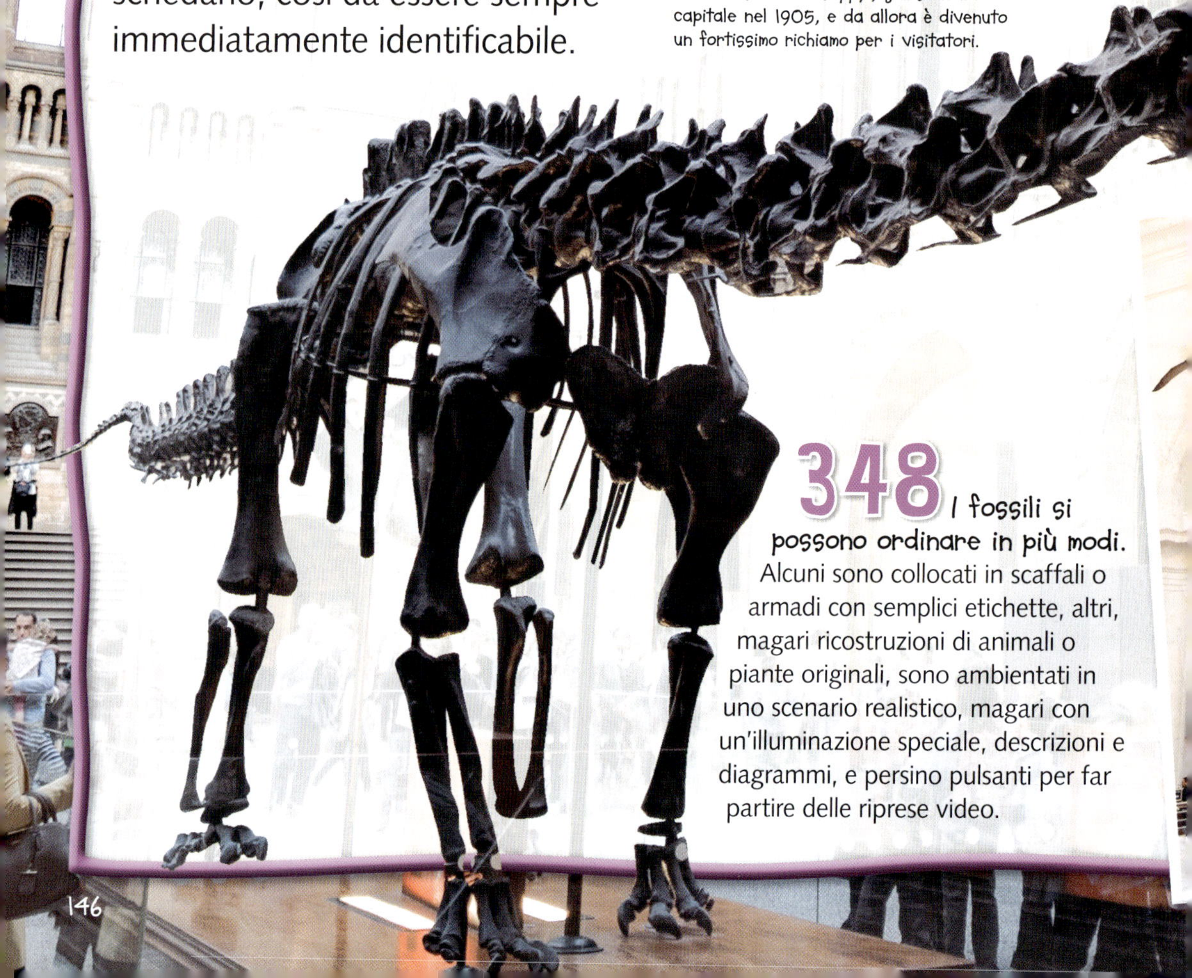

348 **I fossili si possono ordinare in più modi.** Alcuni sono collocati in scaffali o armadi con semplici etichette, altri, magari ricostruzioni di animali o piante originali, sono ambientati in uno scenario realistico, magari con un'illuminazione speciale, descrizioni e diagrammi, e persino pulsanti per far partire delle riprese video.

▶ Anno dopo anno, sole, vento, pioggia e ghiaccio consumano le rocce e portano alla luce nuovi fossili nel Parco provinciale dei dinosauri dell'Alberta, in Canada.

333 I posti migliori in cui cercare dei fossili è dove le rocce si rompono con facilità, o sono consumate da onde, vento, sole, ghiaccio e altre intemperie. Si tratta del processo di erosione, cui sono soggette scogliere, spiagge, argini di fiumi, valli, canyon e grotte. Oppure può accadere nelle zone in cui si scavano cave e miniere, o si costruiscono strade, ferrovie e fondamenta.

334 Immagini satellitari, fotografie aeree, rilievi, viaggi ispezioni dall'alto, o anche solo delle passeggiate ci fanno vedere la natura del terreno. Le aree rocciose nude sono le migliori, più delle zone ricoperte di terra, piante e alberi.

335 I ricercatori di fossili seguono dei protocolli operativi che illustrano i metodi e per causare il minor danno possibile durante gli scavi, il modo in cui eseguirli correttamente e in sicurezza, e come ripristinare il sito al termine dei lavori. Si possono trovare maggiori informazioni anche sul web.

▶ Questa foto satellitare di Olduvai Gorge, in Africa orientale, mostra una delle migliori zone del mondo per quanto riguarda i fossili umani preistorici.

Attenzione, scavi!

336 **Alcune persone si divertono ad andare a caccia di fossili nel tempo libero.** Nei siti più importanti, i paleontologi organizzano campagne di scavo che durano anche parecchi mesi.

NON CI CREDO!

L'osso fossile della zampa di un grosso dinosauro, essendo di solida roccia, pesa oltre una tonnellata!

337 **L'area di scavo di solito viene divisa in quadrati, le griglie, con delle cordicelle o listelli di legno.** Servono per poter essere sempre in grado di identificare l'esatta posizione dei reperti. Mentre lo scavo procede, gli addetti prendono appunti, scattano fotografie, fanno degli schizzi e utilizzano molti altri metodi di rilevamento.

▼ I paleontologi dissotterrano resti fossili di mammut in California (Stati Uniti). Prima di essere spostati, i preziosi esemplari vengono avvolti in strisce di tela e poi in una poltiglia di gesso.

338 **All'inizio è facile che ci siano rocce sciolte, massi, o terra da rimuovere. È il cosiddetto materiale di copertura.** Per eliminarlo, ci si serve di grandi e potenti macchine, per esempio escavatori meccanici, martelli pneumatici o addirittura dinamite!

▲ Possono volerci settimane per ripulire un grande fossile come questo teschio con zanna di elefante.

339 **Una volta esposti i fossili, gli esperti decidono se vale la pena estrarli.** Man mano i metodi di scavo si fanno più precisi: si usano martelli, scalpelli, piccoli picconi e spazzole, per evitare di danneggiare il reperto. Può essere un lavoro lungo e difficile. Il sito di scavo stesso è spesso un deserto rovente, una palude tropicale o una gelida montagna.

340 **Si possono cercare fossili di piccole dimensioni setacciando pietre sciolte.** Morbidi, fragili fossili vanno poi coperti con materiali come tela gessata o fibra di vetro, che si induriscono formando un involucro protettivo, che consente al fossile di essere estratto in sicurezza.

La pulizia dei fossili

341 **Quando alcuni fossili arrivano in laboratorio, che potrebbe trovarsi in un museo o in un'università, gli esperti decidono quali "preparare".** Il lavoro comporta l'eliminazione di pezzi di roccia e pietra intorno al fossile (la matrice) senza danneggiarlo.

IN CHE ORDINE?

In che ordine useresti questi strumenti e attrezzatura per trovare, scavare e ripulire un fossile raro?

A. Stuzzicadenti di legno
B. Martello e scalpello
C. Candelotto di dinamite
D. Pennello a setole morbide
E. Trapano da dentista

Risposta
C B E A D

342 **Sono necessari più tipi di strumenti e attrezzature per pulire e estrarre un fossile.** Si parla di piccoli martelli, scalpelli e trapani, utensili per incisione, spilli e picconi, levigatrici, lime, pennelli e spatole. Il preparatore (chi lavora sul fossile) si ferma più volte per esaminare il campione e decidere come proseguire la pulizia.

▶ I preparatori di un museo lavorano con grande attenzione per rimuovere pezzi di roccia e asportare solo il fossile.

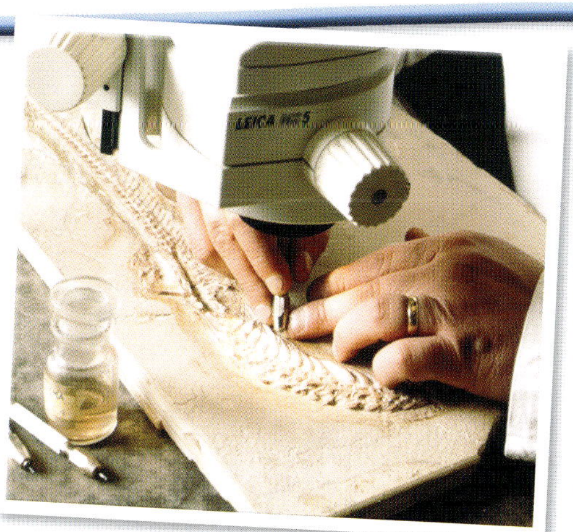

▲ Attraverso lo stereomicroscopio si riesce a vedere il campione in modo incredibilmente dettagliato, così da evitare di fare graffi o di scheggiarlo.

343 Durante la preparazione, vengono spesso usati dei microscopi per esaminare i minimi dettagli di un fossile. Di solito si tratta di un microscopio stereoscopico con due oculari (binocolo), montato su un supporto con il campione sotto.

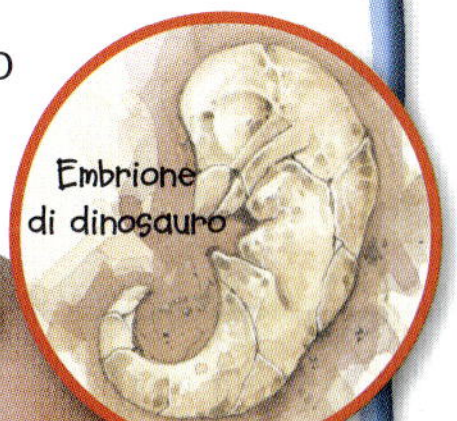

▶ Potrebbe volerci anche un anno per sciogliere la roccia con l'acido ed esporre i fossili. Ecco alcune uova di dinosauro mai schiuse.

344 Quando il fossile è di un tipo di roccia e la matrice (la roccia che lo ingloba) di un altro, i preparatori usano dei prodotti chimici per estrarlo. Diversi acidi vengono testati su piccole parti della matrice e del fossile, per assicurarsi che dissolvano la prima ma non il secondo.

345 Pochissimi animali o piante muoiono conservandosi interi. È infatti incredibilmente raro trovare una pianta o un animale completo, fossilizzati con tutte le loro parti posizionate come quando erano in vita. In gran parte i fossili sono in pezzi e frammenti schiacciati e deformati. Rimetterli insieme è un lavoro davvero molto complesso!

In mostra

346 **In una collezione di fossili ben organizzata, a ogni pezzo viene assegnato un numero di inventario, che fornisce anche l'indicazione di dove e quando è stato rinvenuto.** Ciascun reperto è esaminato, descritto, identificato e inserito in un database o in uno schedario, così da essere sempre immediatamente identificabile.

347 **Di solito, in musei, gallerie e mostre vengono esibiti solo fossili scelti molto particolari.** Può trattarsi di esemplari di dimensioni formidabili di una determinata specie, oppure conservati in ogni dettaglio, o molto rari, o scoperti da un famoso cacciatore di fossili... Oppure sono semplicemente molto belli.

▼ Il Museo di storia naturale di Londra ha alcune tra le più incredibili collezioni di fossili del mondo. Il calco in gesso dello scheletro di *Diplodocus*, chiamato affettuosamente "Dippy", giunse nella capitale nel 1905, e da allora è divenuto un fortissimo richiamo per i visitatori.

348 **I fossili si possono ordinare in più modi.** Alcuni sono collocati in scaffali o armadi con semplici etichette, altri, magari ricostruzioni di animali o piante originali, sono ambientati in uno scenario realistico, magari con un'illuminazione speciale, descrizioni e diagrammi, e persino pulsanti per far partire delle riprese video.

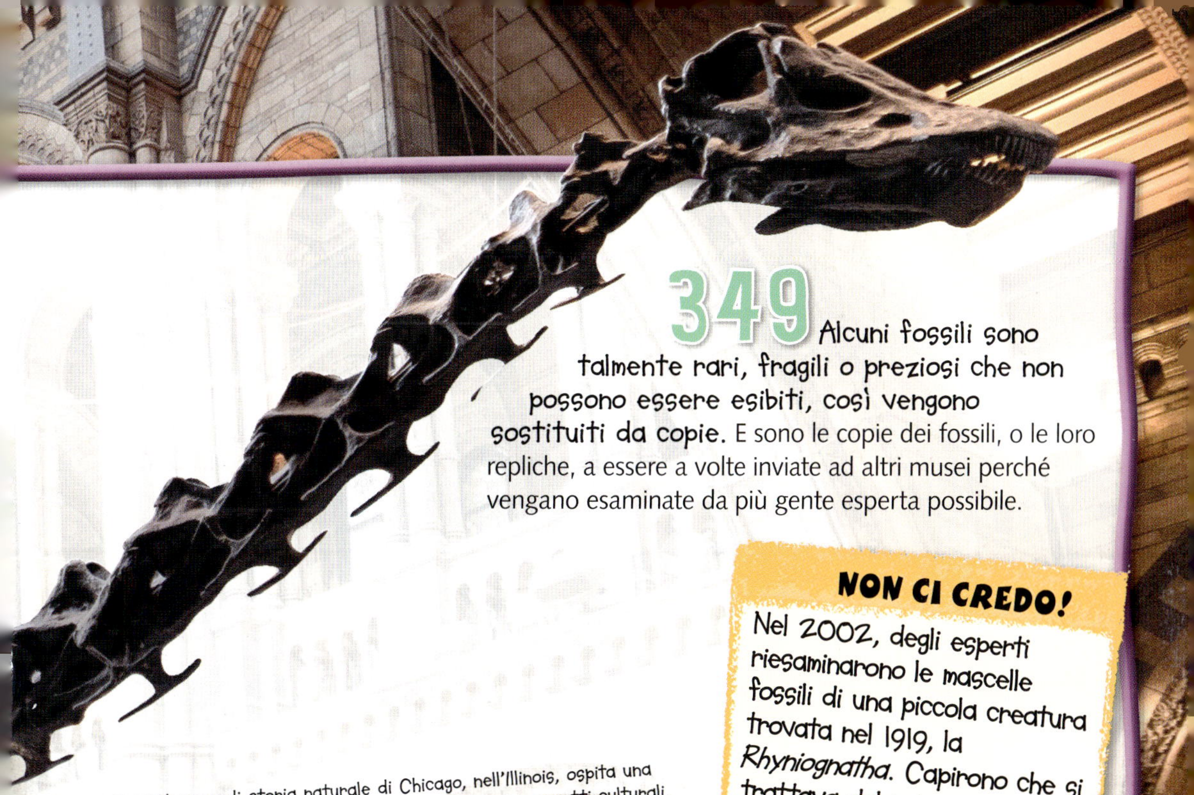

349 **Alcuni fossili sono talmente rari, fragili o preziosi che non possono essere esibiti, così vengono sostituiti da copie.** E sono le copie dei fossili, o le loro repliche, a essere a volte inviate ad altri musei perché vengano esaminate da più gente esperta possibile.

NON CI CREDO!

Nel 2002, degli esperti riesaminarono le mascelle fossili di una piccola creatura trovata nel 1919, la *Rhyniognatha*. Capirono che si trattava del primo insetto conosciuto, che aveva quasi 400 milioni di anni!

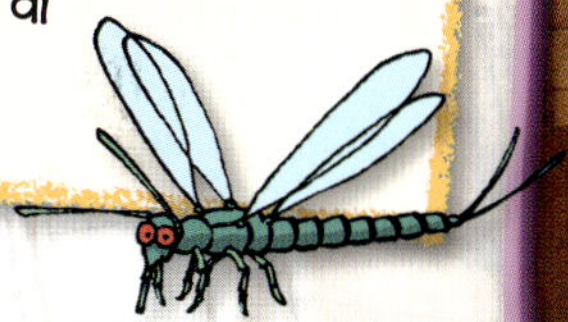

▼ Il Field Museum di storia naturale di Chicago, nell'Illinois, ospita una raccolta di 30 milioni di esemplari geologici e biologici e oggetti culturali, ma le attrazioni principali sono i grandi calchi fossili dei dinosauri.

350 **Le copie sono usate per animali grandi come dinosauri, cetacei e mammut.** I fossili originali, in solida roccia, pesano a volte parecchie tonnellate. Per ricostruire l'animale in una posizione realistica, è più facile poggiare delle riproduzioni su dei telai, o appenderle a dei fili, perché sono più leggere.

I fossili prendono vita!

351 Una delle parti più emozionanti dello studio dei fossili consiste nel ricostruire la pianta o l'animale originario. Ciò richiede una conoscenza dettagliata della forma e struttura del corpo. Per esempio, si tende a mettere a confronto fossili di uccelli preistorici con le stesse parti del corpo di uccelli simili viventi oggi. È la cosiddetta anatomia comparata.

352 Piccoli segni o "cicatrici" sulle ossa fossili mostrano dove erano collegati i muscoli quando l'animale era in vita. Ciò aiuta a capire la forma e la disposizione dei muscoli. Così gli esperti riescono anche a ricostruire la carne sulle ossa (fossili).

Fossili di ossa
Lievi cicatrici sulle ossa possono essere di aiuto agli scienziati per scoprire come e dove erano attaccati i muscoli

▲ Questa ricostruzione di un anchilosauro, un dinosauro corazzato, è stata realizzata partendo dalla testa. La coda rimane dei nudi fossili delle ossa.

353 Possiamo capire come un essere vivente corre, salta o cammina, grazie alle articolazioni tra le sue ossa. Se queste si sono conservate, dai dettagli di forma e struttura siamo in grado di risalire all'andatura di un animale e alla gamma dei suoi movimenti.

UCCELLO VARIOPINTO

Cosa ti serve

fotografie di un *Archaeopteryx* • penne colorate • carta da lucido • carta bianca

Non è possibile sapere di che colore fosse il primo uccello mai esistito, l'*Archaeopteryx*. Cerca sue immagini in libri e sul web e vedrai quanto sono diversi tra loro piume e modelli. Ricalca i contorni di un *Archaeopteryx* da un libro e coloralo come più ti piace.

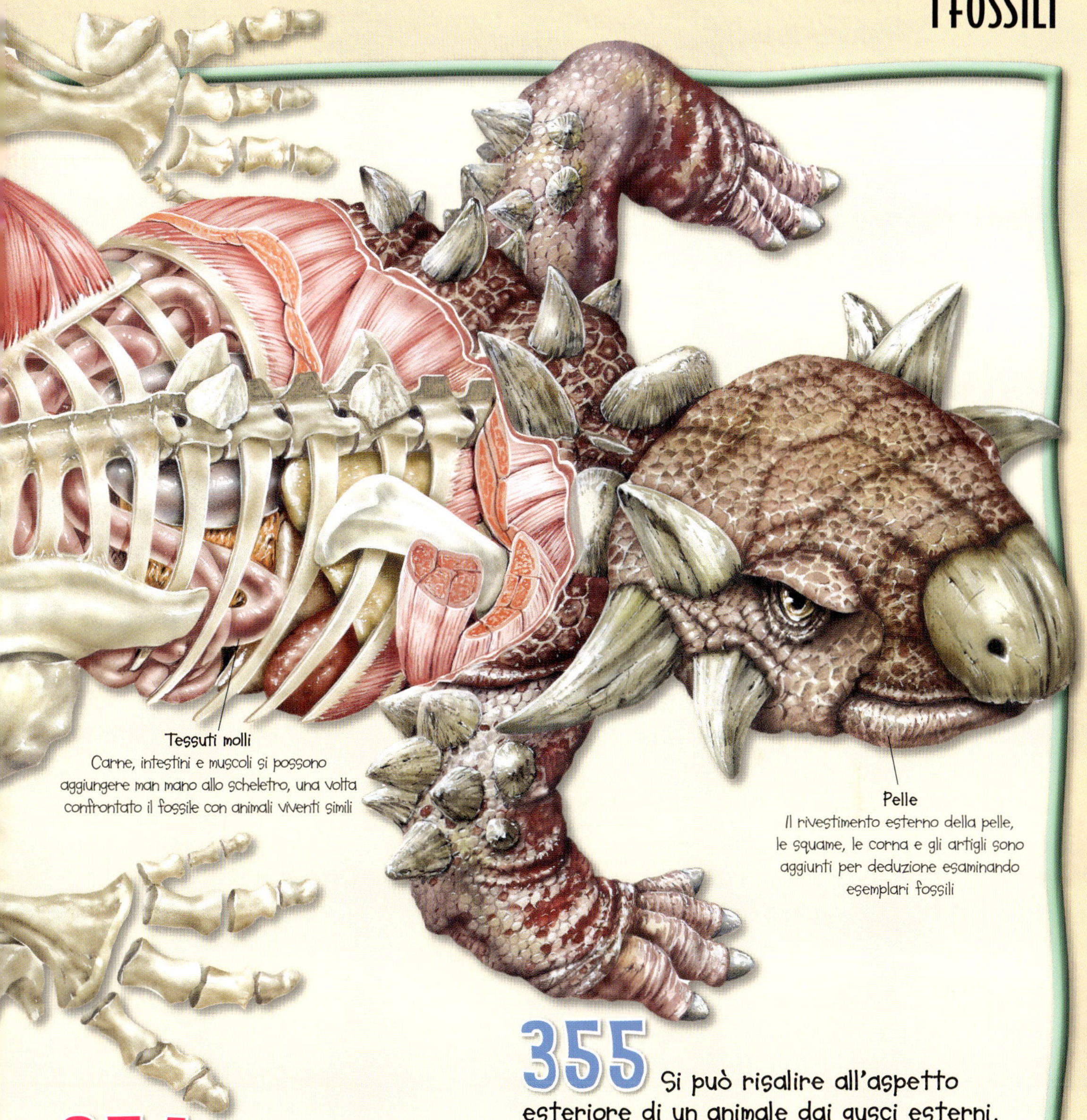

354 **Man mano, parti molli come gli intestini di un animale o i petali di un fiore si possono dedurre e aggiungere alla ricostruzione.** Gli esperti sfruttano le informazioni derivanti dai parenti fossili o dai cugini viventi.

355 **Si può risalire all'aspetto esteriore di un animale dai gusci esterni, dalla pelle squamosa, dalla pelliccia o dalle piume di un fossile.** Tuttavia, i fossili non sono le parti viventi originali, essendosi questi pietrificati. Il colore della pelle fossile è quindi quello del tipo di roccia, non dell'animale. Per le ricostruzioni di colori e trame, gli esperti possono solo azzardare ipotesi.

Trafficare, rubare, contraffare

356 **Con i fossili si possono fare grandi affari.** Migliaia di persone sono occupate tra scavi, laboratori, musei, mostre e gallerie. La scoperta di un nuovo dinosauro può rimbalzare su giornali, notiziari e web, e rendere lo scopritore ricco e famoso!

357 **Il più grande e completo fossile di *Tyrannosaurus rex* fu trovato nel 1990 vicino a Faith, nel Dakota, da Sue Hendrickson.** Il dinosauro venne soprannominato "Sue", ma poi nacque un lunga controversia legale su chi ne fosse il proprietario. Alla fine fu venduto al Field Museum di Chicago per una cifra da capogiro!

◀ Venditori ambulanti offrono in vendita dei fossili sulle loro bancarelle in Africa settentrionale. Non ci sono però garanzie sulla loro provenienza, è infatti impossibile sapere se siano stati trovati in loco.

NON CI CREDO!

Nel 2008, il fossile di un *Triceratops* di 7 metri fu venduto a più di 450.000 euro assieme a un teschio di una tigre dai denti a sciabola a oltre 40.000.

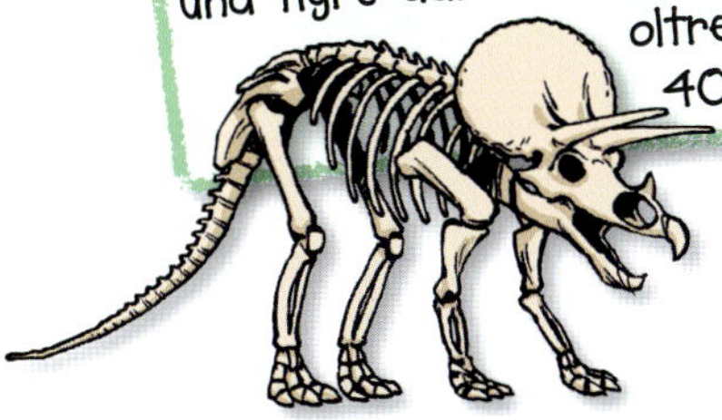

▶ Il paleontologo cinese Dong Zhiming con alcune uova di dinosauro contrabbandate. Polizia e doganieri scovano tutti gli anni collezioni illecite come questa.

358 **Fossili veri, riproduzioni e modelli sono venduti in tutto il mondo da musei, negozi, cataloghi per corrispondenza e anche su internet.** Gli acquirenti spaziano dai grandi musei a persone private a cui piace l'idea di una raccolta fossile domestica senza doversela... scavare.

359 **Sono secoli che i fossili vengono rubati e falsificati.** Nel 1999 alcuni scienziati mostrarono una creatura fossile chiamata *Archaeoraptor*, che sembrava essere in parte un uccello e in parte un dinosauro. Indicava la possibilità che i piccoli dinosauri carnivori si fossero evoluti in uccelli. Grazie a ulteriori studi, però, si comprese che l'esemplare, in parte un dinosauro e in parte un uccello, era contraffatto: erano stati sapientemente assemblati pezzi di fossili diversi.

▼ Fossili rari o insoliti, come questa conchiglia di ammonite, che fa vedere in modo super dettagliato la struttura interna, possono far guadagnare enormi somme di denaro alle aste.

Fossili famosi

360 Molti fossili e siti preistorici in tutto il mondo costituiscono delle attrazioni strabilianti, in grado di attirare milioni di visitatori. Il Parco nazionale della foresta pietrificata in Arizona conserva centinaia di enormi alberi fossili ed esemplari più piccoli di animali come i dinosauri, che risalgono a circa 225 milioni di anni fa. Accoglie ogni anno oltre mezzo milione di visitatori.

▲ Il celacanto è considerato un "fossile vivente", nel senso che è molto simile al suo parente estinto da tempo.

361 Il celacanto era conosciuto solamente grazie ai fossili e si riteneva che fosse ormai estinto da più di 60 milioni di anni. Nel 1938 un celacanto vivente venne catturato al largo dell'Africa sud-orientale e da allora ne furono scoperti degli altri. Esseri viventi che sono molto simili ai loro parenti preistorici sono definiti "fossili viventi".

▶ Migliaia di tronchi e rami fossili ricoprono il terreno del Parco nazionale della foresta pietrificata in Arizona.

362 **A oggi abbiamo solo una decina di fossili di *Archaeopteryx*, il primo uccello conosciuto.** Tutti ritrovati nella zona di Solnhofen, nel sud della Germania, sono sorprendentemente dettagliati e hanno un valore inestimabile.

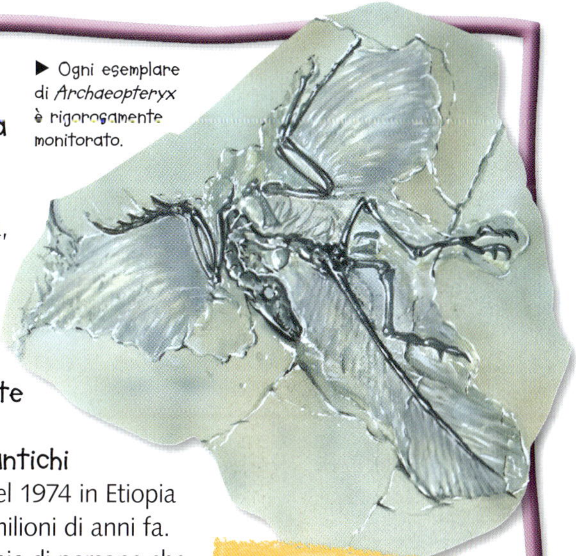

▶ Ogni esemplare di *Archaeopteryx* è rigorosamente monitorato.

363 **"Lucy" è una parte di uno scheletro fossilizzato appartenente a uno dei più antichi antenati dell'uomo.** Scoperto nel 1974 in Etiopia (Africa), risale a circa 3,2 milioni di anni fa. Ogni anni ci sono migliaia di persone che arrivano a frotte solo per vedere "lei".

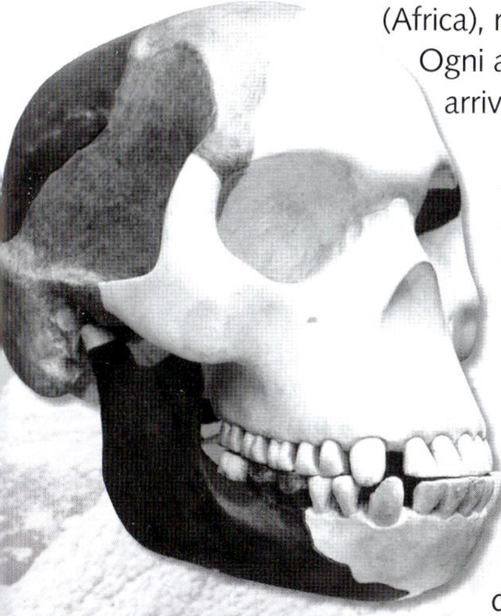

◀ L'uomo di Piltdown era, di fatto, la combinazione di un cranio umano risalente a circa 500 anni con la mandibola di un orango.

364 **L'uomo di Piltdown è la truffa paleontologica più famosa.** Rinvenuto in Inghilterra nel 1912, si pensò a un primo tipo di ominide. La truffa fu scoperta molti anni più tardi.

NON CI CREDO!

A volte gli escrementi di animali si trasformano in fossili, prendendo il nome di coproliti. I resti che contengono mostrano di cosa si cibasse l'animale. Per fortuna ormai sono di solida roccia... e non puzzano più!

Uno sguardo al futuro

365 Mentre la caccia ai fossili prosegue in tutto il mondo, i metodi scientifici e gli strumenti si fanno ogni anno più potenti. Grazie a georadar, raggi X e tomografie computerizzate applicate allo studio di reperti fossili, si possono "vedere" i fossili nella roccia.

▲ Uno scanner TC esamina il cranio fossile di un antico tipo di lontra.

366 Oggi, affinandosi i metodi per studiare i fossili, si riesaminano i vecchi campioni alla ricerca di nuovi dettagli. L'*Oviraptor*, il "ladro di uova" fu chiamato così perché il fossile sembrava stesse rubando uova di un altro dinosauro. I raggi X di uova simili, però, misero in evidenza anche dei cuccioli. L'*Oviraptor*. Stava probabilmente prendendosi cura delle proprie uova.

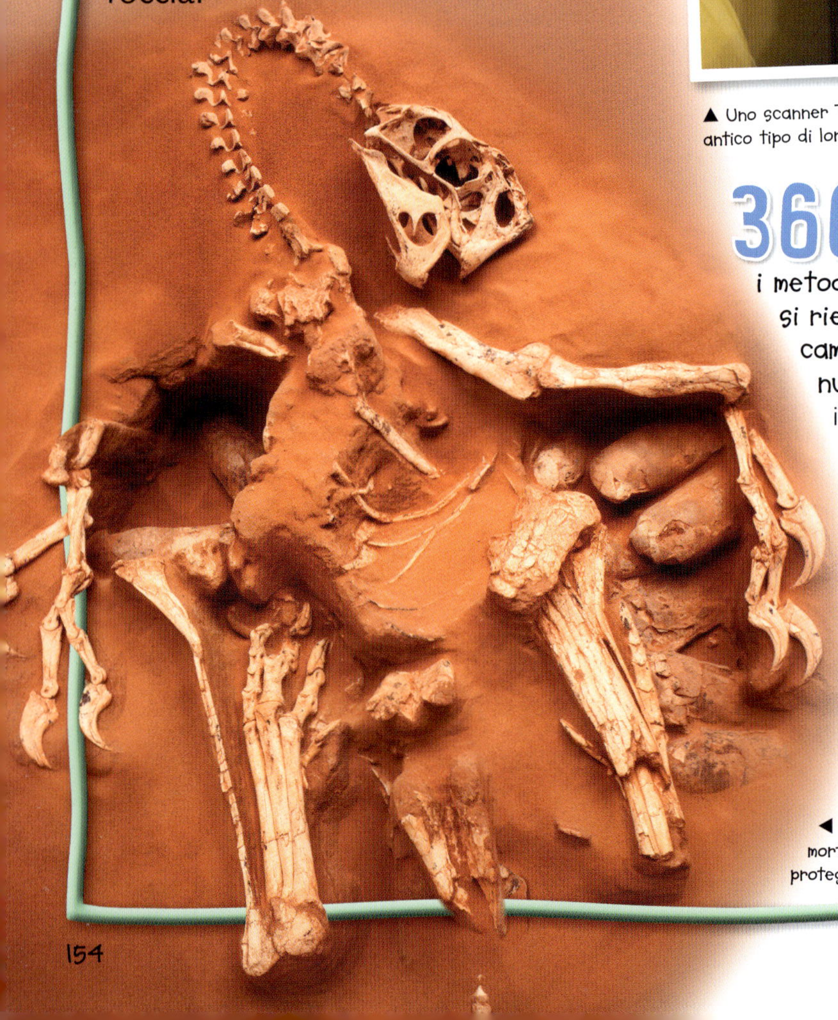

◀ Questo *Oviraptor* potrebbe essere morto 75 milioni di anni fa per proteggere le sue uova da un predatore.

▲ Sono stati ritrovati in Cina i fossili del *Microraptor*, un minuscolo dinosauro piumato.

367 **Alcuni incredibili fossili degli anni Novanta del secolo scorso provengono dalla provincia di Liaoning, nella Cina nord-orientale.** Risalenti a 130 milioni di anni fa, mostrano dettagli di animali e di piante, compresi i dinosauri piumati e un mammifero delle dimensioni di un gatto che predava piccoli dinosauri.

368 **Nuovi fossili ci forniscono spesso nuove prove sull'evoluzione, per esempio sul modo in cui i pesci si trasformarono, gradualmente, in animali terrestri.** Il *Panderichthys*, di 380 milioni di anni fa, ricordava un pesce. Nelle pinne aveva ossa simili a dita.

369 **Importanti scoperte fossili suscitano sempre grande emozione in tutto il mondo.** Influenzano le nostre idee sulla vita preistorica, su come la Terra sia cambiata nel tempo, sull'evoluzione e l'estinzione. Ci sono anche di aiuto per integrare gli studi sulle nostre origini.

▲ Il *Panderichthys* era lungo circa un metro. Alcuni suoi fossili sono stati scoperti in Lettonia, in Europa nord-orientale.

ABBINA

Abbina i soprannomi di questi fossili con i loro nomi scientifici.

A. "Lucy" – B. "Stan" – C. "Jaws"
D. "Spike"

1. *Triceratops* (dinosauro)
2. *Megalodon* (squalo gigante)
3. *Australopithecus afarensis* (ominide)
4. *Tyrannosaurus* (dinosauro)

Risposte
A3 B4 C2 D1

Indice analitico

Le voci in **grassetto** si riferiscono ai contributi principali; le voci in *corsivo* si riferiscono alle illustrazioni.

Referenze fotografiche

Il materiale iconografico è di proprietà di Miles Kelly Artwork Bank

Gli Editori sono grati alle seguenti persone e organizzazioni per il permesso di riprodurre le loro opere. Si prega di segnalare le eventuali involontarie omissioni, alle quali si provvederà nelle prossime edizioni.

L'Editore ringrazia le fonti seguenti per l'utilizzo delle loro immagini fotografiche:
Legenda: a = alto, b = basso, s = sinistra, d = destra, c = centro, sf = sfondo

Copertina (fronte) Stuart Jackson Carter (retro) (ad) Ismael Montero/Fotolia, (c) Michael Rosskothen/Shutterstock, (cd) Catmando/Shutterstock
Endpapers Roger Harris/Science Photo Library

Alamy 65(a) petpics; 76–77 Photos 12; 96–97 Zachary Frank; 107 David R. Frazier Photolibrary, Inc.; 133(b) sciencephotos; 139(bs) B. O'Kane; 140(b) dpa picture alliance archive; 143(ad) Reuters; 144(bd) Felix Choo; 146–147 Peter Phipp/Travelshots.com

Diomedia 136(a) Natural History Museum London UK

FLPA 134(b) Martin B Withers

Fotolia.com 87(ad) DX; 125 Ismael Montero; 130(b) Albo; 131(a) Jaroslaw Grudzinski

Getty 52(bd) Layne Kennedy; 86(bs) Corbis/VCG; 102–103(sf), 103(bd) & 153(cs) Bettmann; 104(cd) Lynton Gardiner; 113(a) Handout/Getty/IMAX Corporation; 118(bs) Layne Kennedy; 119(bc) Colin Keates; 141(ad) Paul A. Souders/Corbis/VCG; 142–143 Ted Soqui

Glow Images 72(b) O. Louis Mazzatenta; 150 Ladislav Janicek/Corbis

iStockphoto.com 132(bs); 138(c) Saturated

Louie Psihoyos 48(a); 54(cs); 108; 110–111; 145(bd); 151(ad); 154(bs)

National Geographic 86–87(c) Jason Edwards

Photoshot 49(b) Picture Alliance

Reuters 69(a) Handout; 106(bs) Handout Old

Rex Features 112(b) Moviestore Collection/Shutterstock; 114–115 Nils Jorgensen; 151(bd) Sipa Press

Science Photo Library 42–43 & 57(b) Jose Antonio Peñas; 54–55 Julius T Csotony; 55 Sciepro; 62–63(c) & 74–75 Christian Jegou Publiphoto Diffusion; 65(b) Walter Myers; 69(b) Christian Darkin; 72–73 Steve Munsinger; 105(a) Volker Steger; 116–117 Jim West; 126–127(c) Mauro Fermariello

Shutterstock.com 4–5(a, sf) & 56 Michael Rosskothen; 44–45(sf) Eric Broder Van Dyke; 45(a) & 53(b) Catmando; 46(b) leonello calvetti; 48–49(sf) George Burba; 57(sf) Marilyn Volan; 58(a) Kostyantyn Ivanyshen, (c) Linda Bucklin; 59(bs) DM7, (bd) Jean-Michel Girard; 66 leonello calvetti; 67(c) Ozja, (b) Ralf Juergen Kraft; 84(bs) Kanate; 120(bs) Science Photo Library; 137(cd) SmudgeChris; 147(bs) Tinnaporn Sathapornnanont

Topfoto.co.uk 113(b) 2003 Topham Picturepoint

Tutte le altre foto sono di: DigitalSTOCK, digitalvision, John Foxx, PhotoAlto, PhotoDisc, PhotoEssentials, PhotoPro, Stockbyte